小学语文高效课堂的构建

吕兆伟　著

重庆出版集团 重庆出版社

图书在版编目（CIP）数据

小学语文高效课堂的构建 / 吕兆伟著 . -- 重庆 ：
重庆出版社，2024.3
ISBN 978-7-229-18542-8

Ⅰ．①小… Ⅱ．①吕… Ⅲ．①小学语文课－课堂教学
－教学研究 Ⅳ．① G623.202

中国国家版本馆 CIP 数据核字（2024）第 070964 号

小学语文高效课堂的构建
XIAOXUE YUWEN GAOXIAO KETANG DE GOUJIAN

吕兆伟 著

责任编辑：燕智玲
责任校对：何建云
装帧设计：苗玉惠

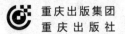 重庆出版集团
重庆出版社 出版

重庆市南岸区南滨路 162 号 1 幢　邮政编码：400061　http://www.cqph.com
廊坊市新景彩印制版有限公司
重庆出版集团图书发行有限公司发行
E-mail:fxchu@cqph.com　邮购电话：023-61520646
全国新华书店经销

开本：710mm×1000mm　1/16　印张：11.5　字数：216 千
2024 年 3 月第 1 版　2024 年 3 月第 1 次印刷
ISBN 978-7-229-18542-8
定价：78.00 元

如有印装质量问题，请向本集团图书发行有限公司调换：023-61520678

前　言

　　小学语文高效课堂的构建，能够充分地落实新课标的相关要求，让小学生能够快速掌握所学内容的同时，充分提高小学生的各项能力，促使小学生在短时间内提高语文水平和教学的质量达到良好的教学效果。所谓高效课堂，指的是通过课堂教学的开展，不仅要将语文知识传输给学生，同时还要提高学生自身的语文知识学习能力。高效课堂属于一种全新的教学模式，符合新一轮基础教育改革的要求，同时可以切实贯彻落实新一轮基础教学改革的理念，每一堂课的教学时间都是有限制的，怎样最大限度利用课堂时间，就是高效课堂所需要达到的目的。因此教师应该重视高效课堂的重要作用，在实际教学过程中积极合理构建高效语文课堂，为学生营造可以高效学习的氛围环境，提升学生对知识的掌握能力，促进学生对知识的累积，同时在高效课堂的基础上，深化学生的知识体验，培养学生的语文思维，促进其学科素养的发展。

　　时代在不断发展，社会亦在不断进步，人们的思想观念也理应顺应时代发展的要求，与时俱进。教师作为学生思想的引路人和知识的传播者，也应时刻承担起教书育人的重要使命，积极转变传统的应试教育观念，更新新型的教育理念。一方面，小学语文教师要深入理解和认识"双减政策"。双减政策既不是要减学生成长，也不是要减学校和教师责任，而是要减轻学生作业负担和校外培训学习负担，因为只一味地增加学生的学业压力和课业负担，不仅不利于学生健康成长，还会降低学生的学习效率。只有让学生在现有的学习时间内掌握充分且全面的知识和内容，才有助于构建更加高效率和高质量的教学课堂，进而有效提升学生的学习效果。另一方面，小学语文教师要力改以往填鸭式的教育思想观念，注重结合学生的实际需求、认知规律、兴趣特点等来合理设置教学内容。与此同时，教师还要注重充分发挥学生的主观能动性，改变以往一言堂式的教学方式，注重师生之间与生生之间的友好互动，以此来有效提高语文课堂教学的效率，从而构建高效的语文课堂。

小学生正处于身心发展的关键时期，过重的作业压力不仅不会提高学生的学习效率，还会降低学生学习的主动性，让学生产生厌学心理。作业设计的目的是巩固学生所学知识、提高学生学习质量，不应让学生沦为作业工具，为了做作业而重复刷题。因此，语文教师在作业设计上不能只注重作业数量，还要关注作业质量，在提高学生学习质量的基础上减轻作业压力。一方面，教师可以设计随堂作业，在课堂上让学生对学习过的知识进行巩固，不仅可以减轻学生的课后学习负担，还可以有效加深学生对知识的理解和掌握。另一方面，教师可以针对性地设置课后作业。学生的学习情况有所差异，为了照顾到每一位学生，教师可以设计基础作业和拓展作业，基础作业是所有学生必须完成的，而拓展作业学生可以根据个人情况自主选择。

　　本书共五章，第一章介绍了什么是高效课堂、低效课堂与有效课堂，构建高效课堂的意义，课堂管理与高效课堂的关系；第二章介绍了新课改下小学语文课堂的特点和教学现状，小学语文高效课堂的构建策略；第三章介绍了课堂有效提问的相关理论，小学语文课堂提问存在的问题与原因，课堂有效提问的原则及优化策略；第四章介绍了小学语文阅读教学现状，影响小学语文阅读教学有效性的因素，小学语文阅读高效教学策略，信息技术在小学语文阅读教学中的应用；第五章介绍了小学语文作文教学的现状，小学语文写话教学研究，小学语文作文高效课堂教学模式的构建。

　　由于水平有限，书中难免存在不妥及疏漏之处，敬请读者指正批评。

编者

2023 年 7 月

目　录

第一章　关于高效课堂

第一节 高效课堂概述

一、高效课堂的内涵

高效课堂，是指完成了教学任务和达成了教学目标的效率较高、效果较好并且取得教育教学的较大影响力和具有长远发展意义的课堂。高效课堂的高效体现在效率和效益上，即在一定课堂时间、容量范畴下，让学生受到积极的教育影响，不仅完成有限的课堂任务，同时对学生自身的品质进行了培养和锻炼。课堂高效问题的基本描述，即：以尽可能少的时间、精力和物力投入，取得尽可能好的教学效果。

高效课堂一方面表现在效率最高。在有限的课堂时间内，学生最大限度地学会和掌握了足够多的知识，减轻了课外学习的负担。二是效益最优。学生最大限度地发挥主观能动性，全心全意地融入到课堂中来，不仅学到了知识，还掌握了学习的方法，养成了良好的学习习惯。将效率和效益二者有机结合，相辅相成，就形成了高效课堂。从教育学的角度解读，高效课堂具有三大特性：主动性、生动性、生成性。从教学目标上解读，高效课堂是把新课改的三维目标加以实化，即实现从知识到兴趣、再到能力、抵达智慧的飞跃。高效课堂是在追求"四维目标"，即超越原有的知识与技能、过程与方法、态度、情感、价值观，而上升到通达智慧的层面。虽然高效课堂提倡学生发挥自主性，这不意味着高效课堂没有课堂"规定"和"标准"。评价高效课堂开展的好与坏主要看三个方面：自主程度、合作效果、探究深度，这三个度的分值取决于课堂氛围、参与度、达标率。具体到一节课，要注重"三效"：效率、效益、效能，也就是要看投入、产出、能力增长了多少。

二、高效课堂的基本特征

（一）知情并重、面向全体、关注个体

知情并重。是指课堂教学的过程不仅是知识传递的过程，更是师生情感交流与丰富的过程。一节高效的课，不一定是信息丰富的课堂，但一定是情感丰富的课堂。在教学过程中，师生的情感交流比信息交流更重要。教学过程应成为"加

深师生互信情感、优化学生学习情感"的过程。那种"只见知识不见人"的课堂，是"重智轻情"的课堂，也一定是低效的课堂。换言之，知识与情感在课堂上的和谐统一，是成就高效课堂的基本条件。

面向全体。是指在课堂上教师有强烈地面向全体学生的教学意识与行为，即在教学目标、教学内容、教学重难点、教学进度与难度、教学方式等的设计上，教师都能体现全体意识。在教学过程中，教师目视全体、关注全体学生的课堂表现，努力创造适合于全体学生个性发展的课堂机会——阅读机会、思考机会、表达机会、提问机会、表现机会等。让更多的学生在课堂学习中，得到来自教师与同学的及时帮助、指导与激励，确保绝大部分课堂时间，教师都在面向全体教学而不是面向个体教学。

关注个体。是指教师在面向全体教学的同时，特别关注个体学生的课堂表现。教师善于发现学生在课堂阅读、听课与练习过程中遇到的困难，及时进行指导与帮助，并刻意为"后进生"提供更多"表现课堂、体验课堂、感悟课堂"的机会，让学生的学习过程成为树立学科学习信心、加深师生情感互信的过程。教师要追求不让一位学生遭遇课堂冷漠，努力让教室成为没有被爱遗忘的地方。

（二）目标明确、重点突出、难点突破

目标明确。是指在教学设计与教学实施中，所应达成的情感目标与知识目标非常明确。在具体实施过程中应解决好两个问题：一是情感目标如何设定并通过什么方式来实现，二是知识目标怎样确定并用什么方法来达成。教学目标应实现"三化"——书面化、简约化、分层化：主要教学目标应实现在口头表达基础上，用文字准确展示；目标设定应简约，要把主要精力用于实现主要目标，次要目标可化为课堂练习或是用简洁的方法进行处理；目标要分层次，要让每位学生有选择地完成相应的学习目标。可以说，目标分层是实施分层教学的前提，更是班级授课制下实现因材施教原则的重要选择。

重点突出。是指将一节课的教学重点设定为 1~2 个，并集中精力加以解决。如果一节课设置过多的教学重点，也就无重点可言。这样的课堂将不知不觉地变成罗列知识、面面俱到、平均用力、点到为止的低效课堂。这里需要特别指出，部分教师由于过分自信，他们总认为一节课可以解决许多问题，可以将所有学生本应了解的知识都让学生理解并掌握。如果一位教师追求课堂上什么都想讲清楚，他的学生也许什么都不清楚。若如此，所谓的重点突出只能成为美好的愿望而已。

难点突破。是指知识的难点与学生学习中的难点的突破。它既是课堂教学的

价值所在，也是提高学生学习能力与学习效益的有效对策。实际上，课堂上需要教师讲的只有"两点"——重点与难点，即教材的重点与学生的共同难点。它们组成了课堂教学的重难点，这也正是在课堂上需要教师讲的"两点"。实践证明，凡是难点明确，并通过有效途径得到解决的课堂，就容易成就高效课堂。

（三）先学后教、讲练结合、双重训练

先学后教。在这里主要是指课堂内的先学后教，包括学生先自学教师再教学、学生先思考教师再引导点拨、学生先独立学习再合作完成等。坚持先学后教还是先教后学，是衡量教师是否有经验的重要标尺之一，也是判断一节课堂是否高效的主要标准之一。先学后教就意味着学生占有课堂学习的主动权，这样的课堂才是真正意义上的民主课堂。在这样的课堂上，学生能拥有课堂阅读权、独立思考权、完成练习权、实验操作权、犯错与纠错权、质疑权、提问权、得到来自教师与同学的帮助权等。若不管什么内容都坚持教师教了学生才能学，这本身就是典型的教学替代，这样的课堂也一定是低效课堂。

讲练结合。是指课堂教学应实现精讲精练、分段讲授、讲练结合。这里的"练"主要包含口头训练与笔头训练。实践证明，只讲不练是错误的教学，是教师课堂替代的典型表现；精讲多练是低效的教学，是教师盲目崇拜题海战术的产物；只有精讲精练才是教师的最佳选择，是实现师生减负、成就高效课堂的主要对策。可以说，精讲精练、分段讲授、讲练结合既是符合五官转换有助于强化记忆理解的科学教法，也是被教学实践证明的减负增效的好对策。

双重训练。是指学生要掌握同一个问题的解决办法，必须经过至少两次类似问题的训练，才能达到真正理解掌握这一类型问题的解决思路与方法。双重训练即课堂不仅需要例题，也需要强化这一例题的解题思路与方法的对应习题。这里把例题与相对应的习题，统称为例习题。因此，不论是讲解新课、编写练习，还是课堂上的解题训练、记忆训练、思维训练，都应以例习题的形式出现，以加强对学生的双重训练，提高课堂教学一次过关率，以减少重复教学给学生带来的负担。

（四）指令明晰、检评恰当、指导到位

指令明晰。是指教师的课堂指令明确且清晰，让学生非常清楚单位时间里要完成什么任务，完成之后将得到教师怎样的检评。与军队打仗一样，指挥官模糊不清的命令会让战士无所适从；模糊不清的课堂指令，同样会让学生失去学习的目标与方向。在许多情况下，低效课堂正是源于教师模糊不清的课堂指令。判断

课堂指令是否明晰，主要看课堂指令三要素——明确的任务、约定的时间与恰当的检评是否完整。凡是指令明晰的课堂，一定是师生配合默契，学生课堂反应敏捷，教学效果良好的课堂。

检评恰当。是指教师对课堂活动进行恰当的检查与评价。高效的课堂，大到全班学生的总体表现，小到每位学生的个体行为；大到每个教学环节，小到每道课堂练习题，都应当得到教师的认真检查与恰当评价。如，学生的一次大胆提问，一次不经意的举手，一次率先完成课堂任务，一次似乎高于他个人能力的问题解决，甚至是一次比原来音量更大的回答，都应得到教师认真关注与真诚激励。因为，恰当且及时的激励性评价，是调动课堂、激励学生最可靠的教学法宝。

指导到位。是指学生在课堂学习时，教师开展全面的、全员的、快速的个体指导与互相指导。教师需要动用学生的力量，开展学生间的学习互助，并极尽所能为更多的学生进行面对面、近距离的小组指导（一般指4人自然学习小组）与个体指导。可以说，缺乏指导的课堂是感情冷漠的课堂，也是催生"后进生"的课堂，指导到位的课堂是诞生"自信生"的课堂。教师的课堂责任之一，就是不让任何一位需要帮助的学生无法得到及时有效的指导。要知道，一节课指导是否到位，是决定这节课效果的重要因素。因此，在班级授课制下，快速指导能力是新时期中小学教师必备的教学能力。

（五）参与量广、思维量足、训练量大

参与量广。是指参与课堂教学活动的学生人数占总人数的比例高。理想化的课堂，应当是参与量100%的课堂，就是实现了课堂双全——全体学生参与到课堂教学的全过程的课堂。我们的部分教师，是最容易也是最愿意让学生"欺骗"的一群人。教室里少数几位学生的课堂回声，教师会误认为是多数学生的内心表白；少数学生的高声应答，教师会觉得是全体学生的真正理解。请教师们永远记住，课堂教学是面向全体学生的，只有参与量广的课堂才有可能是高效课堂。

思维量足。是指在教学过程中，学生的思维积极性得到充分调动，参与思维的学生数量与思维质量，都得到足够的时间保障与情境刺激，思维敏捷性、思维逻辑性、思维广阔性都得到有效的锻炼与提升。实现这一目标，至少要做到两点：一是教师创设的问题情境激发了学生的思维欲望；二是教师所提的问题难度适中且有较高的思考价值。需要强调的是，最生动的课堂是全体学生的思维都得到充分锻炼的课堂，而不是"形体多动"的课堂。

训练量大。是指在教学教程中，全体学生的口头、笔头、手与脑，都得到充

分且有效的训练。不同程度的学生，都能在教师引导下开展积极有效的课堂训练。每位学生都能在原有基础上得到个性化的发展。要实现训练量大的目标，就需要教师精选训练内容；采用口头练习、书面练习、实验操作等多种形式；实施分层教学策略，引导与指导不同学生完成不同的训练任务等。总之，让全体学生都积极动口、动笔、动手、动脑的课堂，就是训练量大的高效课堂。

三、课堂教学效率的要素

"效率"一词，在现代汉语词典中有两种释义：一是机械、电器等工作时，有用功在总功中所占的百分比；二是单位时间内完成的工作量。教学是一种特殊的社会实践活动，它的构成要素有多个，主要包括教师、学生、教学目的、课程内容、教学方法、反馈和教学环境等要素。从一般系统论的观点来考虑教学效率，课堂教学效率是教学系统内各个要素的有机结合，相互协作，用最少的时间、人力、物力和财力，学生取得最大的发展。这里的发展，是指学生身心的全面发展，包括知识、能力、体力、品德、审美情趣和各种非智力因素的发展。用公式表示为：课堂教学效率＝实际收到的教学效果／教学应该达到的效果。实际收到的教学效果，是指课堂教学结束时，学生在知识、能力、体力、品德、审美情趣和各种非智力因素等方面达到的结果。教学应该达到的效果，是指依据教学大纲和教学目的制定的本堂课的终极目标。这里就有几个标准，即，时间标准：教学所用时间／教学规定时间的比值；要素标准：各要素协调活动，结构合理，功能优化；效果标准：用最小的人力、物力和财力，获得最大的教学效益；目的标准：教学实际达到的目的与教学本来应该达到的目的之比。

所谓课堂教学效率是指有效教学时间与实际教学时间之比，比值越大，课堂教学效率就越高，反之亦然。课堂教学效率至少包含以下三个要素，即：教学时间、教学任务量、教学效果。可以从三个方向和三个层面进行定义分析——

教师层面，教学效率是指在单位教学时间内，在达到预期教学效果的前提下所完成的教学任务量。

学生层面，教学效率＝教学对所有学生的一切影响的总和／学生所用的时间总和。这里强调"所有学生"，旨在倡导关注学生参与学习活动的人数，即全体性。所谓"一切影响"，是指"学生学到的有用知识＋学生形成的有用能力＋学生养成的良好非智力因素＋负面的影响"。

时间方面，课堂教学效率＝有效教学时间／实际教学时间 ×100%。

所以，高效课堂源于有效课堂，基于有效课堂，有效课堂的教学效率就有高有低、有正有负。教学的成果是人的发展而非工业产品，教学效率的量化或许永远是一种奢望。提出教学效率的概念，不是单纯为了计算教学成果，是为教学实践和教学评价提供比较正确的导向、理想的方向。当时间被用到极限时，教学必然从有效走向高效。

四、高效课堂的五项标准

高效课堂一般体现在以下五个方面：教学目标；教学活动；教学能力；教学反馈；教学组织与管理。

（一）教学目标

教学目标是关于教学将使学生发生何种变化的明确表述，是指在教学活动中所期待得到的学生的学习结果。在教学过程中，教学目标起着十分重要的作用。教学活动以教学目标为导向，且始终围绕实现教学目标而进行。

课堂教学目标就是课堂教学过程中的教与学的互动目标。新课程倡导的课堂教学目标有三个维度：知识与技能目标，过程与方法目标，情感、态度与价值观目标。课堂教学目标是课程目标分解、细化了的一小部分。当完成和落实了每一个课堂教学小目标的同时，课程需要关注的大目标也就实现了。

课堂教学目标在 45 分钟之内，是可以达到的。不是理想目标那样的遥远，可望而不可即。平时人们常说的教学目标，在没有特殊说明的情况下，实际上指的就是课堂教学目标。课堂教学目标常常被人们简化为"教学目标"。

课堂教学目标的主要内容，就是人们常常挂在嘴边的"双基"，也就是指基础知识、基本技能。后来，又勉强地加上了一个学科情感。这就是如今在教案、教学设计的教学目标中的三个方面：知识、技能、情感。

有了课堂教学目标，教案中的教学过程的撰写，就可以围绕着教学目标展开了。教学目标可以对应着教学过程中的某一个教学环节，即一对一的关系。教学目标也可以对应着教学过程的某几个教学环节，即一对多的关系。当教学过程中的各个环节，分别完成所有的教学目标时，这节课的教学工作也就结束了。

（二）教学活动

教学活动通常指的是以教学班为单位的课堂教学活动。它是学校教学工作的基本形式。教学活动是一个完整的教学系统，它是由一个个相互联系、前后衔接的环节构成的。教学活动的基本环节就是指教学活动这一个个具有不同功能的不同阶段。

教学活动的构成要素：受教者、施教者（教师）、教学目的、教学内容、教学方法、教学环境、教学设备。

各因素之间存在相互制约的关系，教学目的是教学活动的出发点，也是教学活动的落脚点，影响着教学内容的选择和编排。施教者和受教者是教学活动的基础，教学目的和教学内容确定后，施教者和受教者在一定程度上就决定了教学方法、教学环境、教学效果的选择和利用。

综合而言，教学活动就是施教者在一定教学环境中通过合适的教学内容和恰当的教学方法对受教者进行教学，从而达到教学目的的过程。

（三）教学能力

教学能力是指教师为达到教学目标、顺利从事教学活动所表现的一种行为特征，由一般能力和特殊能力组成。一般能力指教学活动中所表现的认识能力，如了解学生学习情况和个性特点的观察能力；预测学生发展动态的思维能力等。特殊能力指教师从事具体教学活动的专门能力，如把握教材、运用教法的能力；深入浅出的语言表达能力；教学的组织管理能力；完成某一学科领域教学活动所必备的能力，如音乐教师对音高的辨别能力，语文教师的写作能力等。研究表明：教师的表达能力、组织能力、诊断学生学习困难的能力以及他们行为的条理性、系统性、合理性与教学效果有关。

（四）教学反馈

1. 有效的课堂教学反馈首先是真实的反馈

课堂教学中，教师通过捕捉来自学生各方面的反应，有针对性地调控教学行为。真实的反馈可使教师作出更有利于学生发展的教学决策，虚假片面的反馈将使教师的教学偏离方向。

2. 有效的课堂教学反馈必须是及时的反馈

不少课堂教学的反馈是滞后于教学的。当教师获取反馈信息时，一些错误的认知可能已经在学生脑中根深蒂固，此时要再将这些错误改正过来，不但要花大功夫，而且效果可能也不好。因此，教师在教学过程中如果能够找到有效的方法，及时获取学生的反馈信息，发现学生学习中出现的偏差、错误，从而调整教师的教学，并进行矫正和补救，可能会达到事半功倍的效果，能大大地提高课堂效率。

一般来说，及时反馈比迟缓反馈效益高，及时反馈可使教师及时了解学生掌握知识与技能的情况，以利于进一步教学，同样教师对学生的作业或回答若能及时给予反馈，可以使学生了解自己知识上的不足之处，以利于进一步的学习。

3. 有效的课堂教学反馈是全面的反馈

教学要面向全体学生，反馈也应当关注全体学生。课堂教学反馈不能只针对个别学生展开，应当涵盖不同层次的学生。量大面广的反馈，才能全面真实地反映教学目标的达成度。

反馈时既要发挥优秀生的引领作用，又要促进全体学生发展。个别思维活跃的学生往往会掩盖多数学生的实际状况，造成课堂反馈的片面性。因此要保证课堂上反馈的信息真实有效，应该全面地了解学生对知识的掌握情况。特别是对于好、中、差不同层次学生的情况的全面了解，才能根据教学目标和学生的实际情况进行后续知识的教学。

反馈时要顾及不同性格特征的学生。内向型的学生平时上课表现不够积极，缺乏自信，但他们不一定没有掌握知识技能，这就要看教师采用什么样的反馈方法，调动他们参与教学互动，传递反馈信息；外向型的学生活泼开朗，有的个性过于张扬，又不够谦虚，表面上说得头头是道，其正确率往往不高。

4. 有效的课堂教学反馈是高效的反馈

课堂教学中教师要在短时间内得到来自学生的大量反馈信息。如何科学、高效地获取全体学生反馈的信息，以便迅速矫正错误，是高效课堂教学的重要保证，而目前课堂教学中往往还存在大量高耗低效的现象。

总之，及时、准确、全面、高效地获取反馈信息，科学调控教学方法，是提高课堂教学有效性的重要保证。

（五）教学组织与管理

教学组织管理按照教学过程的规律制定教学工作的顺序、建立相应的方法，以保障教学系统有序、规范、高效运行的活动。高效的教学组织管理应做到：课堂活而有序、学生自觉遵守纪律、学习气氛浓厚、时间分配合理、过程组织严密、学生行为管理到位、物理空间管理合理。

五、高效课堂的教学模型——"三线"教学

用艺术家的眼光看，课堂教学的过程就是教师和学生在合演一幕戏剧。这"戏剧"中潜含着三条线索（简称"三线"）——教学线、知识线和能力线。

所谓教学线就是指在某一教学方法下的教学思路；知识线是指一定教学思路下的知识点或知识体素的展现过程；能力线是指知识传授过程中的能力培养目标

与层次。

1.教学线

教学线设计的目标是自然连贯、层层递进和具有启发性。实验探究法：实验—现象—分析现象—结论（新知）；设疑递进法：设疑—解难—再设疑（加深、拓宽）—再解难（突破难点、总结规律）；联想归纳法：疑点—讨论—结论—联想—规律、方法。

2.知识线

知识线设计的目标是形成系统化、网络化的知识体系。以物质性质为中心的新授课、实验课的知识体系；以理论要点和基本规律为中心的理论课知识体系；以技能、方法为中心的习题课、复习课的知识体系；以物质的量为中心的计算课知识体系。

3.能力线

能力线设计的目标是每一教学环节都体现的能力、情感因素。

六、高效课堂的实践表征

（一）课堂教学目标达成高效度

课堂教学是在目标的导引下进行的实践活动，明晰课堂教学目标并实现教学目标是课堂教学的起点和归宿。课堂教学的本质和功能决定了课堂教学目标应是多维度、多层面的，新一轮的基础教育课程改革将课堂教学目标确定为"三维一体"，即一线教师耳熟能详的"基础知识、基本技能""基本过程和方法""情感、态度与价值观"。但在课堂教学实践中，能否高效度地达成教学目标，是建立在对课堂教学目标的正确理解、合理设计和有效落实的基础上。

对于一线教师而言，其关键在于对三维目标的一体化的理解和建构上，首先，一体化体现在课堂教学目标与学科课程目标的整合一致。尽管课堂教学是时空共存的微观活动，由于学科课程目标需要一堂堂的课堂教学来实现，每一堂课的课堂教学目标都需要在学科课程目标的引领下完成，如果忽视了学科课程的总体目标，课堂教学就有可能失去或游离学科的规定性与特殊性，教学过程就有可能变得随心所欲、天马行空，看似活泼自由的课堂教学就可能会因此失去导控，而离目标渐行渐远，从而流入低效。譬如，在实践中出现的语文课堂教学的"思品课"韵味浓重就是缺乏这一层面整合的结果。其次，是三维目标中"三维"的系统整合，尽管三维目标中不同的维度所规定的目标指向和达成的视角不同，但不是三个彼此分离的目标，也不能是三个目标的简单相加，而是要有机地整合在一起，相互影响、相互渗透，从而实现一体化。比如知识与能力这一维度的目标，其主要载体是人类生存发展所不可或缺的、人类文化和文明的成果汇聚的、由学科的基本原理、原则等构成的基础知识以及与之相适应的基本技能，这一层面的目标是比较容易明确并具体化的，但此维度目标不是到此为止，而是蕴涵着为学生创新精神和动手实践能力、利用各种途径搜集整理运用信息的能力，树立终身学习的愿望和能力奠基的作用和功能，必须渗透在教学过程和方法之中。同理，过程与方法目标，提倡的自主、合作、探究的学习方式等等，尽管目标也比较容易操作和具体化，但却在过程和方法之中，承载了知识的获取、技能的训练和提升、兴趣的激发、合作意识和能力的形成、意志的锻炼、信仰的提升等等功用。

与上述两个层面目标的显性体现和具体化表现且可以某种程度上进行量化相比，三维的课程目标主要指向于学生的学习兴趣、学习志向、学习责任和积极乐观的生活态度，求实创新和严谨治学的科学态度、宽容豁达积极进取的人生态度等的情感、态度、价值观。它更具有典型的隐性存在，不能以单纯的或单方面的具体的形式呈现出来，必须要以相关知识技能的掌握、过程方法的体验为凭借，需要渗透、镶嵌、融合在上述的二维目标之中。从上述意义来说，高效课堂必须是目标全面的课堂。不仅如此，高效的课堂还必须是有深度、程度高的课堂，也是需要达到高效度的课堂。具体而言，在高效课堂中，学生对相关知识的注意、观察、认识、了解、理解、记忆等能力，搜集和整理信息的能力，激发思维、想象和创造的能力，进行交流与合作的能力等多方面进行培养和训练，以及对学习内容的体验、感悟、升华等必须有深度，如果对所应学习、掌握和运用的知识和能力浅尝辄止、敷衍了事、重形式、走过场等，即便是课堂再热闹，学生的自由空间再大，也不能称之为高效课堂。综上可见，课堂教学目标达成的高效度是多维度、多层面的，是广泛而深刻的。

（二）课堂教学信息量有密度

课堂是信息的传达和交流的场所，教学过程就是传达和交流信息的过程，这是课堂教学活动的本质决定的。教学信息既包括以教材形式呈现的系统的学科知识，也包括为完成课堂教学目标即时搜集和生成的各种知识信息。教学信息是完成课堂教学目标的载体。高效课堂的一个重要表征就是在一定的单位时间里课堂教学信息交流的密度要适当大一些。全国著名的高效课堂的总体特征就被归纳为"立体式、大容量、快节奏"，即在有限的时间里，教学时空的充分立体运用，单位时间里教学加快节奏，信息容量尽可能加大。如果没有信息的密度就没有课堂中知识的"大容量"。

课堂教学信息的高密度要求高效的课堂要有一定的信息量、知识量或题量，但并不意味着课堂教学中信息量或题量越多越好，信息量的把握受学生身心发展的特点以及所应传递信息的性质以及难易程度的影响或制约。如果只强调课堂教学中的信息量或训练量，而超过了学生本然的接受和理解信息的限度，受学生身心发展特点的制约，难以接受和消化，直接的表现是导致课堂教学的低效甚至无效，更为严重的是使学生对学习产生畏难情绪，加重学生学习的生理和心理负担。另外，课堂教学信息的高密度除了保证课堂教学要有一定的信息量或作业题量外，不能忽视的还有学生的思维训练量，在课堂教学中，如果教师一味地只注重信息的量，将过多的陈述性知识的信息量负载于学生，尽管学生可以通过反复强化训练进行记忆，但必然会削弱学生的思维训练量，这样的课即使让学生获得了大量的新知，也不能称之为严格意义上的高效课堂，这种现象也是当下高效课堂实践中普遍存在的误区。所以，课堂教学信息量有密度，不是简单的数量的推及，而是遵循学生的身心特点和达成教学目标的、带有深度的最大值。

（三）学生思维有深度

"为思维而教"这是教学的持之以恒追求，因为思维能力是学生创新能力的基础，是素质教育的核心，是当下提倡的学生核心素养的重要构成，因此，培养学生的思维能力也自然就成了课堂教学的重要目标构成。而且在三维目标中，每一类目标都有体现着或蕴涵着思维发展的要求或追求。根据思维的品质和特点，思维能力的发展也有高阶思维和低层思维之分。高阶思维能力的发展依赖学生的深度学习，而低层思维与浅层学习密切相连。浅层学习是指学习者在外力驱动的基础上，通过简单描述、重复记忆和强化训练等方式学习新知识和思想的一种学习形式。可见，思维的高度依赖或要求学生在课堂中要进行深度学习。那么，在课堂教学中怎样的学习才是深度学习？譬如，在一堂新授课中，学生对于一个新的学习内容或知识点，从思维层面上，对相关内容的学习一般会经历理解—掌握—迁移—探究—创新这五个阶段，如果教师忽视学生的思维过程或一味地讲究信息的大容量，不讲究教学方式方法的灵活运用，只是知识的灌输，导致学生连内容都没有听懂理解，这当然属于浅层学习，即便是学生通过强化记忆，一时听懂了，但过后并没有记住或理解不透，不能融会贯通地理解运用这些知识，这也说明他没有掌握，没有进入深层学习，思维能力并没有得到锻炼和提高。

相关的理论研究和优秀教师的实践经验证明，只有当学生对所学内容达到在理解的基础可以迁移甚至具有探究的层面的学习才是深层学习，也只有能引导和促进学生进行深度学习的课堂才能称为高效课堂。也就是说，如果在课堂教学中，教师只是做到了让学生以接受的形式听懂了相关的内容，通过记忆熟悉或掌握了内容，但不知道如何进行迁移运用，不能达到举一反三、触类旁通的目的，那么也说明学生的学习只是浮于浅层，没有进入深度学习。所以，高效课堂的教学中，不仅需要教师把学习和思考的空间和机会还给学生，而且更重要的是激发学生对问题的追问和疑问，不是让学生被动地接受现成的知识，而是鼓励学生自己去思考和分析问题，进而创造性地解决问题，只有经历了这样的学习过程，学生的深度学习才会发生，思维能力才能得到提升，这也是当下课程与教学改革提倡探究性学习的应有之义。也许这样的课堂并没有热闹非凡、你争我抢的活跃场面，有的只是学生静悄悄地冥想，也许在获得知识的量上是有限的，但此时的学生思考甚至苦思冥想却是有深度的，思维是具有深刻性的，那么，这样的课堂就是有深度的，可以称为高效课堂。

（四）课堂教学方式适切度

课堂教学都是要借助于适宜的方式或方法方能达成教学目标，因而教学方式方法成了当今课堂教学改革的突破口和关键环节。课堂教学方式方法作为实现课堂教学目标的手段或载体是多种多样的，尤其是在当前信息技术与课堂教学整合的大背景下，一些具有时代特征的、新的教学方法更凸显了现代的元素和技术的含量，但教学方式的多样化和现代化并不一定能带来课堂教学的高效。"教学有法，但无定法，关键得法"——这是优秀教师们在教学实践中智慧的总结，也就是说，在高效课堂中，教学方式一定具有适切性。所谓适切性是指课堂教学方式的选择具有合理性和可操作性，具体表现为：

1. 教学方式应适合课堂教学的目标

教学方式是为课堂教学所应达成目标服务的，课堂教学目标的维度和指向不同，所适合的教学方式也会不同，譬如，要达成基础知识和基本技能的目标，更为适切的教学方式可能就是新课改背景下比较避讳的讲授法、讨论法或读书指导法等；如果要达成基本过程和方法的教学目标，那么，合作探究法、实践练习法、实验法等就更为妥帖。

2. 教学方式方法必须适合学生的特点

教学要适应学生的身心发展特点是教学活动的基本规律，即便同样的学科，不同的学生也会有不同方式方法的选择需求，譬如，同样是语文课堂，低幼阶段的学生比较适合的方法往往是跟读法、模仿学习法、游戏法，而高年段的学生采用自主学习、合作学习、探究学习就便于实施。

3.教学方式的选择受学科性质的制约

学科不同，知识的性质不同，适合的教学方式也会不同，譬如，同样是讲授法，数学课堂中适合于讲解和演算，而语文和外语教学就可以运用讲读的方法。

4.教学方式的选择与运用受环境和条件的制约

现代化的教学方式需要具备现代的教学设施设备，研究性学习方法的使用需要给予学生较为丰富和宽松的时空环境。

5.教学方式的选择还受教师的条件制约

教师的教学能力有高低，教学风格有特点，性别年龄有差异，这些对教学方式的运用和效果都有一定的影响。概言之，课堂教学中适切的教学方式，是那些有利于达成课堂教学的目标、符合学生的身心发展特点和兴趣、与教学内容相适应、教师能够顺利有效使用的教学方式，不管这样的教学方式是否"现代"或"高科技"，都可以被称为有效教学方式，都是高效课堂的有力保证。

第二节　高效课堂、低效课堂与有效课堂

一、高效课堂与低效课堂

低效课堂是指教师满堂灌，讲得累，学生不愿意听的低效能传统性的课堂，课堂费时多、效果差，知识传授与学生能力培养、理论与社会实践严重脱节，甚至违背我国中长期人才培养的战略目标。课堂的低效性问题是当前教育普遍存在的现象，应试教学的培养仍然是课堂教学的主旋律。高效课堂在三个方面全面区别于传统课堂，即学生负担较轻，课堂质量较高，教学维度较广。其中，效益最优是指在高效课堂中，学生和教师之间形成互动，教学双方互相激发教学灵感，实现了课堂气氛的轻松愉悦和教学习得的质量高效。

低效课堂的体现：

忽视兴趣，味同嚼蜡。"兴趣是最好的老师。"这句话我们耳熟能详。柯领在《中国的孩子全部输在起跑线上》一文中说道："教育的原则和方法是否正确，关键在于过程中是否造成儿童一种愉悦的兴奋，是否引起兴趣和爱好，以提高儿童学习的主动性。"言下之意，教学之中，若未能造成儿童一种愉悦的兴奋，或者未能引起儿童的兴趣和爱好，或者未能提高儿童学习的主动性，都算不得成功的教学。说得尖锐并且直白一点，未能培养学生的学习兴趣和学习主动性的教学，纵使班级平均分遥遥领先，都算不得优秀的教学。唯有兴趣，才能唤醒主体意识、激发主动性，才能引领一个人一步一个脚印迈向成功的殿堂。如果问：高尔基这位大作家是谁教出来的？我们无从知晓。如果硬要说是谁培养了他，那么只能说是"兴趣"。高尔基只上了三年学——用现在的眼光来看，只是一个半文盲。但是他对阅读有着浓厚的兴趣，不管到哪里打工，都想尽一切办法找书来读。书读多了，知识自然多了，视野自然开阔了，思想自然有了，自然就有了创作的冲动。因此，兴趣引领着他从半文盲成长为大作家。法国昆虫学家法布尔，从小对昆虫有着浓厚的兴趣，即使父母再三阻拦，甚至责打，也未能削减其对昆虫的痴迷，法布尔最终在昆虫学方面取得了巨大的成就。可见，学习兴趣应该成为教学工作中值得关注的第一要素。课堂中，如果所有学生都能真正自主，他们学习的兴趣必然日益浓厚，必然会感觉到学校生活、课堂生活是幸福的。

只见树木，不见森林。课堂教学必须面向全体，让每一个学生在课堂的每一点时间里，都能有效地动起来——这应该作为有效、高效课堂的一个重要标杆。走进课堂听课，大多数教师往往会被执教者以及少数，甚至个别学生的精彩表现所迷惑。教师及少数学生表现得十分精彩，于是乎，听者就觉得这节课是精彩的。其实不然。

细致观察一下，就会发现，这些精彩只是少数，决不能代表多数，更不能代表全体。少数人的积极参与，替代不了多数人的被动接受。教师在与个别学生互动时，众多的学生在干什么？被动地听，甚至走神。我们常常有这样的困惑：某某教师的课堂教学挺好的，可是每次检测的质量却不怎么样，垫底分数学生很不少。到底是什么原因呢？其实，这跟教师在课堂中挂一漏万、只见树木，不见森林，没有抓住课堂里的每个学生，有很大的关系。

深入思考一下，就会发现，很多课堂的精彩完全是浮于表面的，只是听者视觉、听觉上的热热闹闹而已。一篇文章，或一堂课的教学，其实相当于森林中的一棵树。独木不成林。树，只有放在森林这样的背景里，才有意义。教师在备某篇文章或某一节课时，完全有必要把该教学内容放在整个单元、整册书、整个年段、整个学段里去思考，而不是孤立起来看。当前，很多教师没有课标意识，课标似乎成了空洞的、没有实质用处的、可有可无的产物。课标，顾名思义，就是课程标准。其点明了课程的性质、意义、地位，以及所要达到的目标等，是纲领性文本，给我们平时的教学指明了努力的方向，提出了达成标准。迷失了方向，模糊了标准，教学只能成为无本之木，只能不着边际地漫天遨游，于是课堂上便有了很多不切实际的、假的、肤浅的精彩。

互动单一，气氛沉闷。新课标指出，教学过程是学生、教师、教材、编者之间多边互动的过程。在这四个因素中，教师与学生作为最直接的对话双边，其对话形式怎样，其对话质量如何，直接影响着教学的效果。纵观传统教学，师生单边对话充斥着整个课堂。于是乎，教师成了课堂的核心，所有学生都围绕着一名教师转。于是乎，教师成了圆心，努力把很多话题分别分给每一个学生。于是乎，教师以一当十，如果班级里有四十名学生，话题共三十个，那么每一个学生平均还不到一次对话机会。而且班级里思维活跃的学生善于抢占先机，这就造成了严重的"贫富不均"。于是乎，班级里，能力强的变得更强，能力弱的变得更弱。我们需要明白，教师是课堂的组织者，而不是核心。教师提供的话题，是一个"球"，教师不应处在中心的位置，而应该把"球"抛给学生，让"球"在学生与学生之间不断传送。这样，学生的展示机会大幅增加，能力就会得到大幅提升。这需要教师在课堂中创设出有效的生生互动局面。

知识本位，目中无人。教书育人是教师的天职。然而，教书的最终目的是育人，是促使人主动、健康、和谐地成长。当前，课堂中知识本位、成绩至上"目中无生"的现象已司空见惯，众多人也是见怪不怪了。这样的课堂，似乎是为了完成教学内容而存在，而不是为了教室里每一个鲜活的生命个体的发展而存在。当前，教育教学研究机构的设置也逐步让一些有识之士质疑：为什么研究教学的机构多如牛毛，且权力巨大，而研究育人的机构却少之又少，且权力微弱？大大小小的教研室，组织着大大小小的教研活动，其更多的是研究"教"的行为，却较少研究"学"的有效策略，更多的是研究某课怎么教，却较少研究如何组织学生学，研究如何让学生脱离了教师也能主动地学以及会学。书本是死的，人是活的。叶圣陶老先生说过：教的最终目的是不需要教。因此，教学，目中有人才是第一位的。教学的过程，就是不断导之以学习方向、明之以学习意义、授之以学习方法、激之以学习动力的过程。教学就是让学生在离开了教师之后，也能主动且有效地学习的过程。

二、高效课堂与有效课堂

有效教学主要是指，教师经过一段时间的教学，使学生获得了切切实实的进步和提高。判断教学是否有效，应该看教学是否关注学生的全面发展、是否促进了学习、是否有较强的效益意识，学生能力、素养的提高和发展是衡量教学有效性的根本标准。有效课堂教学的基本特征主要有以下几方面：

第一，教学目标明确。语文教学目标明确是为促进学生综合素质的发展，摆脱以知识为中心的传统观念，根据学生的认知能力、学习水平、学习动机、性格特点等差异，制定具有针对性、体现层次性的教学目标。

第二，教学民主。在有效课堂教学中，师生关系平等融洽，学生拥有安全、自由和开放的心态，同时拥有民主、和谐、宽松的教学氛围。

第三，学生主动参与教学全过程。有效教学中，学生不是简单机械地学习知识，还要学会理解领悟，形成自己的见解。学生在教学过程中参与和他人的小组合作，参与质疑解惑，参与制定教学目标，参与选择教学方法，参与教学评价。

第四，着力培养学生的创新能力。教学中教师要给学生留出空间，让他们去想象和思考，鼓励引导学生学会善于发现问题，提出问题，并给出自己的见解，培养学生的创新思维和创新精神。

　　高效课堂是指在有效课堂的基础上、完成教学任务和达成教学目标的效率较高、效果较好并且取得教育教学的较高影响力和社会效益的课堂。高效课堂源于有效课堂，是对有效课堂的升华和进一步发展。有效课堂的教学效率就有高有低，当有效课堂被发挥和运用到极限时，教学必然从有效走向高效。

　　综上所述，高效课堂从根本上不同于为了应试教育而满堂灌的传统低效课堂，也不同于开始关注课堂效益的有效课堂，高效课堂对二者进行改革和深化。高效课堂重建教学关系，变"教中心"为"学中心"；重建师生关系，变"师中心"为"生中心"。秉承"相信学生、解放学生、利用学生、发展学生"的理念，坚持要把课堂还给学生，解放学生天性，转变教学理念，着力于学生综合素质的培养，始终追求以人为本的理念，真正实现教育教书育人的目的。解读高效课堂，了解高效课堂的内涵，我们才能进一步把握高效课堂的基本特征，在透彻了解这些的基础上，我们才能有针对性地开展调查研究，最终能够提出行之有效地构建高效课堂的建议和措施，这对于农村小学语文教育改革具有举足轻重的意义。

第三节　构建高效课堂的意义

一、高效课堂的构建，使课堂焕发了勃勃生机

传统课堂教学的基本模式是灌输——接受，学生处于被动状态；而高效课堂采用新理念，课堂上学生自主学习、合作探究、踊跃发言，谈感想、谈收获。新理念让学生在听中学、看中学、想中学、议中学、演中学。这就突出了以学生为中心，学生真正成了课堂的主人，在交流中实现了生生互动，师生互动，使学生处于主动状态。教师在课堂上关注的是每一位学生，关注的是学生的一切，教师只是课堂的组织者、引导者，学生学习的合作者。高效课堂切实提高了学生的知识水平，培养了学生的学习能力。

新课程改革对教师提出了新的要求，构建高效课堂则为教师的改革提供了从理论到实践的全方位服务，为教师的专业化发展搭建了一个广阔的舞台。

编写导学案，体现了由关注"教"向关注"学"的转变，提高了教师的教学水平。教师要实现专业化发展首先要转变教学观念，而构建高效课堂从教学设计开始就要求教师把学生放在主体位置，教师在编写导学案时也要解放思想、转变观念，想方设法服务于学生，使转变观念与工作实际紧密结合起来，促进教师教学水平的提高。

高效课堂的构建过程将建构主义理论与教学实践相结合，提高了教师的实践创新水平。高效课堂的基本环节是自主学习—小组讨论—大组讨论—检测评价。其设计思想是：在导学案的引导下，自主学习环节让学生围绕课本开展阅读、思考与练习，进行第一次知识建构；小组讨论环节则要求学生在小组内基本解决自学过程中没有解决的问题，进行第二次知识建构；大组讨论是在教师的主持下，全班学生一起解决小组讨论时没有解决的问题，进行第三次知识建构。其中，第一次和第二次知识建构的质量至关重要，是大组讨论的基础和起点。

这个基本的教学程序，并不是要教师机械地去执行，而是要追求知识建构的质量和交流合作的质量，为教师在各个阶段如何引导、决定讲什么、怎么讲等问题留下较大的创造空间。教师在运行这一基本程序的过程中，实践能力和创新能力也会逐步提高。

小组合作的学习方式提高了教师组织教学的水平。教师的"教"是为了"不教"，谁最先获得了组织小组合作学习的技术，谁就掌握了教育的主动权。因此，小组合作学习的组织成为构建高效课堂的一项核心技术，成为教师必备的教学技术和必须应对的挑战，教师如果能总结并实施"自学互查，问题联动，总结评价，组长负责"的小组合作学习运行机制，必将提升学生小组合作学习的水平，从而提升教师的教学组织水平。

二、促进了学生的发展，增强了学生的自信

"做中学"提高了学生的写作能力、表演能力、合作能力；"想中学"增强了学生的思维能力；"议中学"提高了学生的语言表达能力和应答能力，"演中学"锻炼了学生的胆量，培养了学生的表演能力，这些能力的提高都是潜移默化的。

高效课堂培养的是适应社会需求的人才。社会的发展对人才提出了更高的要求，同时，由于知识更新的周期变短、职业变换的频率加快，人要不断地面对新问题，接受新挑战，为适应终身学习的要求我们必须学会学习。高效课堂提倡以学生为主体，培养学生的主体意识、合作意识和创新意识，提高学生的自学能力，符合社会对人才的要求。

高效课堂能培养学生的交流能力。"独学而无友，则孤陋而寡闻"，高效课堂采用小组合作学习的方式使学生实现五个转变：由被动学变为主动学；由死学变为会学；由单兵作战变为合作学习；由他治变为自治；由只讲成绩变为全面发展。在这样的课堂中，学生会逐渐形成强烈的责任意识和团队意识，学会尊重，学会交流，学会在合作中解决问题，不断积累知识、经验和方法。

总之，构建高效课堂必将提高课堂教学效率和教学质量，全面推进素质教育，为学生带来发展，也为教师带来挑战和机遇。

第四节　课堂管理与高效课堂的关系

作为一种理想的课堂模式，高效课堂是我们教学追求的总目标，也是学生有效学习的必要环境。中国的各种研究从理论和实践方面都对高效课堂进行了深入的探讨，如高效课堂改革的理论架构、高效课堂的必要性和可行性研究、如何构建高效课堂、高效课堂与翻转课堂的关系以及高效课堂对教师的要求等。作为一名教师，课堂是自己的阵地，只有充分利用好自己阵地所拥有的资源，才有可能使学生达到高效学习。有学者提出："影响学生学习最重要的因素就是课堂管理。"而作为课堂的管理人员，教师要尽自己最大能力搞好课堂管理。

一、课堂管理的范畴

什么是课堂管理？课堂管理包括哪些内容？课堂管理是不是对学生纪律方面的管理？事实上，课堂管理是指教师为使学生的学习能够发生，组织学生、利用空间、掌控时间和驾驭材料的一切事情。学生只是课堂管理的一部分，除此之外，空间和时间的管理也非常重要，而对教材的充分挖掘和利用也是不可或缺的一部分。教师作为课堂的管理者首先得管理好自己，从情绪到心态、从知识到技能都要做到最佳，这样才能给学生提供最佳学习环境，学生的学习也才可能发生。良好的课堂管理应体现在如下方面：学生积极参与学习，尤其是在老师的学术指导下；学生明白老师的要求，而且总体上能够做到；几乎没有时间的浪费、混乱或者干扰；教室的环境以学习为导向，但却轻松愉快。

课堂管理的目的是使学生的学习能够发生，那么如何实现此目的，这就需要教师对自己的课堂下功夫管理，尽量为学生提供安全、舒适、愉悦的学习环境，提供各种服务。就此看来，搞好课堂管理是学生学习的第一步，而只有学生参与学习了，高效课堂才成为可能。

优秀的教师非常重视课堂管理的各个环节，他们很清楚学生学习的积极性与成功的课堂管理密切相关。有学者认为，课堂环境的布置与课堂规则的制定是完成教学任务的重要条件。课堂环境的布置是为了营造良好和安全的心理氛围；课堂规则的制定是教师采取必要的方法和措施来减少或避免学生的不良学习行为，是给学生制定适当的标准来规范学生的行为，从而保障学生课堂学习活动的顺利进行，这些标准蕴含在课堂教学活动中。

（一）课堂环境的布置

课堂管理包括很多内容，其中一方面是课堂环境的布置。有研究表明，重视课堂环境布置的教师与不重视课堂环境的教师相比，前者学生的学业成绩会比较高。课堂环境的布置要根据教学内容和教学目标的要求来具体考虑，经过课堂观察发现，有些教学内容要求学生积极参与，需要通过合理地摆放桌椅，形成一定的课堂讨论氛围；有些教学内容是要向学生传递基本的知识，需要学生集中精力注意听讲的课堂环境布置。合理的课堂环境布置在学生学习和减少学生不良行为上有重要的作用。有研究表明，课堂环境布置对学生积极参与学习、师生之间有效互动、课堂时间的有效利用等方面有重要意义。也有研究者发现，学生积极参与学习的状态与布置良好的学习环境之间成正相关。布置良好的课堂环境能够积极促进学生对待学习任务的态度、明确自己的学习责任。

（二）课堂规则的制定

研究表明，在有效的教师课堂教学里，教师制定出具体的、明确的、有用的课堂规则，可以有助于教师维持课堂教学秩序和有效利用课堂教学时间。教师应该在教学开始的时候向学生解释清楚课堂规则，在教学过程中让学生熟悉这些规则，并最终自觉遵守课堂教学规则，积极投入到学习活动中去。当优秀教师考虑采用哪种课堂管理策略时，必须考虑到要建立哪些需要学生遵守的规则。

卡尼恩在一项研究中表明，当单个学生或一群学生的行为不规矩时，教师所采取的惩罚或制止方式对全班的学生有影响。实验表明：教师的制止行为实际上伴随着对全班所有成员的影响。卡尼恩称之为"涟漪效应"。爱文森和哈里斯强调了建立日常课堂教学规则的必要性，强调教会学生这些规则并使学生遵守这些规则是期待学生有良好表现的必要条件。布罗菲也证实了清晰明确的课堂规则与学生学习行为之间的关系，他认为课堂教学管理规则是针对教学情境中如何管理学生的一套方法。许多课堂管理规则是由教师有意识选定的，他们以课堂规范的形式教给学生，这些规范明确禁止了某些活动，或者明确指令学生在某些时间内以某种形式完成某种活动任务。这些规范的建立能够保障教师和学生双方在课堂教学情境中更好地完成教学任务。教师在有限的教学时间内完成了教学目标，而学生也获得了最大的学习收获。

二、高效课堂和课堂管理的关系

高效课堂的实施离不开学生的积极参与，而学生的参与又需要教师良好的课堂管理。那么高效课堂中，教师应该做好哪些方面的课堂管理工作呢？

（一）学生的管理

1.要让学生积极参与

可以想象，"填鸭式"的教学不可能实现学生的积极参与，相反，各种生动有趣的活动，如游戏、竞赛、报告、演讲等却可以让学生积极地参与其中。因此，老师要找到适合学生的学习方式，通过不同方式让学生自然而然地参与到教学中。

2.要让学生主动参与

教师要鼓励学生参与，不论做得好与坏，成功与失败。同时，只有老师所组织的活动真正符合学生的认知水平，符合学生的学习规律，学生才会主动参与。所以，老师需要不断地探讨和研究与学生学习相关的各种理论知识，并在实践中不断地改进和优化。

3.要让学生深度参与

教师所组织的活动，不只是表面现象的热闹，而是帮助学生快速、牢固、轻松、愉快地学习，融知识的积累、整合、应用和创新于一体的深度参与。

（二）教材的管理

1.教学目标要明确

教学应该有清晰的目标，其中包括整个学期的教学目标、每一课的教学目标以及每一堂课的教学目标。就课堂上对教材的管理来看，首先，教师要把这一节课的教学目标详细、明确而清晰地展示给学生，以便学生在进入教室的第一时间就明确今天要达到什么目标。其次，教学目标要具备可实现性，即通过学生的努力可以达到，不宜过高或过低。再次，教学目标要具备可测量性，即教师和学生都可以判断是否达到，而不应该用模糊的语言或难以衡量的语言来描述。

2.教学内容要充实

教师需要完全吃透教材，对教学的重点、难点了如指掌，所以在一堂课的教学中，既有重点，又有难点；既有高强度的教学内容，又有让学生稍微接受的内容。难易结合，张弛有度，这样学生才能在教材内容的指引下实现高效学习。

3.教学材料要齐全

从课本，到练习题，到相关材料；从纸质的，到电子的；从电脑上的，到网络上的，所有与教学相关的材料和路径都要完全准备好。当学生看见老师在课堂上忙作一团时，有的可能为老师着急，有的在看笑话，有的就已经开小差。因此，老师只有把所需的各种材料提前放到方便合适的地方，教学才能顺利开展，学生也才能有效、高效地学习。

（三）教师的管理

1. 管理好自己的情绪

教学是自己的工作，也是自己的事业，更是自己与学生共同成长的过程。如果带着不良情绪走入课堂，不仅自己无法按照提前准备的思路和方法开展教学，而且会影响到学生的学习。学生无辜地受到负面情绪的影响，必然无法高效学习。

2. 自己完全准备好

有学者指出，"工作的有效性一半在你出门之前就已经决定了""在你离开家和到学校的途中就需要把自己武装好，学术上和态度上都要做到"。所以要想使自己的课堂实现学生的高效学习，老师首先要让自己在课堂上高效起来。而老师的高效必然包括提前做好各种准备，兴致勃勃地迎接新的一天，为学生提供各种帮助，从知识的角度引领他们思考和探究。从授课内容到教学目标，从教学理念到教学方法，从教材到资源都要得心应手。

3. 让自己全心全意地投入

在管理好自己的情绪和准备好教学工作的同时，老师还需要在这堂课中百分百地投入。只有老师尽了自己最大的努力来帮助学生学习，学生才有可能发挥自己的极致。

4. 制定好测评机制

公平公正、始终如一的测评标准会使学生逐渐地朝着老师的要求前进。老师完全按照标准来执行，学生才能口服心服，在安全和有保证的环境中愉快、高效地学习。

（四）时间的管理

从准点开始，到充分利用中间的有效时间，再到干脆利索的结尾都是一堂高效课堂必备的要素。学生到来之前，老师就应该守候在教室里，让学生知道，老师很遵守时间，因此学生也不应该迟到。日久天长，学生便养成了准时到达或提前进教室的良好习惯。在整个课堂过程中，老师要把握好每个教学环节，要合理分配每个活动的时间，既不让学生无所事事，也不能让学生过于紧张。最后，老师一定要把总结压缩在下课之前，不拖堂。

（五）空间的管理

高效课堂的实现离不开课堂这一大空间，具体包括教师的空间、学生的空间和活动的空间。就教师的空间而言，重点指教师的课桌、讲台周围的空间。首先，教师要整理好自己课桌上的东西，与这堂课教学无关的东西尽量不要放到上面，而必需的东西要按照一定的顺序放在合适的位置，以便使自己在教学过程中能够快速、准确地拿到想要的教学材料或教具。其次，要整理好脚下的空间，以防自己在不小心中被绊倒或碰伤。只有保证自己的高效工作，才有可能实现教学的高效。对于学生，老师要给他们提供安全、舒适、自由的学习空间，包括他们单个学习时课桌周围的空间、小组讨论时他们公共的空间以及与老师交流和探讨时的空间。

第二章　新课改下小学语文高效课堂的构建

第一节　小学语文课堂特点

一、小学语文课堂教学的特点

教学内容具备开放性。随着新课改的不断推进，小学语文课堂教学的内容不再只是局限于教材，而是更加具备开放性。在当前的教育背景下，小学语文教师需要从学生各方面的需求和认知能力出发，在教学目标的指引下，合理地进行课外学习内容的拓展。教师要挑选合适且丰富的课外知识，并将其引入课堂教学中，使学生能够在学习语文知识内容的同时，还能够养成语文学习的技巧和能力，更好地丰富学生的情感体验。通过合理设置开放性的教学内容，可以推动小学语文教学目标更好地实现，为学生未来的学习和发展奠定扎实的基础。

教学方式具备互动性。现如今，小学语文教学完全颠覆了传统课堂的模样。如今的小学语文课堂不再是教师的"一言堂"，一改教师单方面地传授知识，学生只能被动地接受知识的旧模式。在各种新型的教学理念和教学方法的冲击下，小学语文教师更要加强重视学生主观能动性的发挥，在实际的课堂教学过程中，科学合理地为学生创设合作式以及探究式的教学活动，并引导学生积极地参与进来。这样不仅能够促使课堂教学氛围变得更加和谐，同时还能够很好地锻炼学生各方面的能力，激发学生的语文学习兴趣，促使学生更加积极大胆地将个人的观点表达出来。

教学过程具备活动性。相较于传统的小学语文课堂，如今的小学语文课堂的氛围和状态更加活跃，学生的思维和表现也更加开放，教学过程变得更加生动有趣。开放化的教学内容使教学过程不再像之前那么死板单一，学生在小学语文课堂上不仅能够动手实践，还能进行表演以及和教师进行互动。小学阶段的学生正处于非常好动的时期，如果让他们一直在枯燥无趣的环境下进行语文听说读写等方面的练习，长时间下来必定会影响到他们的语文学习兴趣。而丰富的教学过程和有趣的教学活动则很好地符合了小学阶段学生的特点，进而促使他们将主观能动性更好地发挥出来，从而提升课堂教学质量。

教学目标具备整合性。自新课改后，小学语文课堂更为重视对学生综合语文素养的培养，其不仅要求学生具备扎实的基础知识和应用能力，同时还要求教师更加注重教学方法和教学过程。为了更好地满足这些要求，教学大纲将多种教学目标合理地融合在了一起，要求教师通过课堂教学来完成对小学生语文素养的培养。

二、小学语文课堂教学语言的特点

小学语文课堂教学语言的严密性。小学语文课堂教学语言的严密性，主要体现在文章的结构剖析和串讲上。小学生学习课文时对文章的内容、结构往往比较模糊，没有清晰的思路去梳理和串联文章。因此，教师要善于利用科学规范的语言来表述文章的起、承、转、合，为学生指明思路，降低学习难度，同时对文章内容的推理和判断要合乎规定，要有严密的逻辑性，这样才能培养学生的语言和逻辑思维能力，同时对学生理科方面的学习产生作用。教师在阐述文章寓意和道理时，往往需要运用一些带有情感价值观性质的语言，以便揭示深刻的道理，给整堂课带来主题升华。教学中，老师的一些思想深刻的话语，不仅能使学生印象深刻，还能够引起大家的共鸣与思索。小学语文课堂教学语言的基本特点是规范严谨，应当符合普通话的语法规范，应当在保持口语性的基础上符合书面语的基本要求。小学语文教师应当把语文课文中的语言延伸到课外，注重以准确的描述和丰富的表达方式进行深刻细致地表达。

小学语文课堂教学语言的情感性。小学语文课堂教学语言的情感性，表现为语言的鼓励性、节奏感、幽默性，兼顾好这几点，才能更好地发挥课堂语言的情感性作用。鼓励性是指教师通过事实、修饰与节奏感来表达喜、怒、哀、乐的情感，并以此激发学生的情感，以情激情。教师在朗读指导时，往往要让学生带着情感走进文本、走进作者的内心世界，但是前提是教师自己先要走入文中的情感世界，这样才能更好地指导学生走进文本，融情于文。节奏感是指教师通过语速、语调、音重、音量等各种变化，使课堂语言抑扬顿挫、跌宕有致，从而有效地表达教师的思想感情。教师要运用教学语言表达出丰富的情感。教师要使自己的教学语言富有节奏感，既要让学生不会觉得枯燥犯困，又能让学生感受到文章情感的跌宕起伏，达到一举两得之功效。幽默性是指教师通过各种幽默的手段，让课堂语言变得诙谐风趣，充满感染力。小学生对新鲜好玩的事物总是兴趣十足，对风趣的话语也不例外。教师在教学过程中适当插入一些幽默的话语，往往能将一些已经兴味索然的学生的兴趣重新激发起来，吸引过来。但是切记，幽默是建立在尊重学生的基础上，切不可因刻意追求幽默而伤害了学生的自尊心。例如，当平日里学习不太好的同学，最近总是积极举手回答问题时，我们可以说"大家可都要学习××同学比火箭还要猛的学习势头呀！"千万不能说"××同学最近学习势头这么猛，是不是在学习笨鸟先飞的精神啊？"这种"表扬"是建立在学生人格和尊严受到侮辱的基础之上的，是万万不可的事。

小学语文课堂教学语言的场景性。小学语文教师在不同的教学场景中，所使用的语言应当是不同的。在课后，如果有学生向我们提出问题，教师可以针对该学生的学习特点选择一个适合他的方法教导他，并与之探讨想法。但是在课堂上，教师要选择大多数同学能理解的方式来讲解，同时不可在一些无关问题上过多探讨，要及时结束这一环节，不影响教学进度，不偏离教学重点。用直观有趣的语言，可以激发小学生的学习热情，促进学生积极地投入到语文学习活动中。教师应当根据教学场景，善于变化教学语言，采用不同的表达方式，这样可以丰富学生的心灵，促进学生去认真地感受教师教学语言的多元性。良好的教学语言可以为学生创设积极生动的语文学习氛围，有助于提升语文教学的感性空间，激发学生自主表达的积极意愿。

小学语文课堂教学语言的有效性。如何提升小学语文课堂教学语言的有效性，首先应当有互动性特征。小学语文教师应当激发小学生自主表达的强烈愿望，教师的教学语言应当体现教师的主导价值，突出学生主体地位，真正的做到运用教学语言激发学生的主体性。教师应当想方设法营造和谐的教学环境，注重课堂教学语言的启发性和延展性。通过多种方式创设良好的语言情境，借助多媒体等现代化辅助教学手段，开展有效的互动活动，激发学生的表达愿望。还要加强教师与学生之间的有效沟通，注重传授行之有效的表达方式与学习方法，促进小学生更好地投入到语文学习活动中来，有效提高其口语表达能力。教学语言要有文本语言的特征，教师要能够根据文本内容，选择有效的教学语言，基于文本的语言风格适当地控制与学生交流的氛围，促进学生基于教师的语言，更好地体会文本内容。教师应当善于创设情境引导学生与教师进行口语对话，在教学语言的运用中表现出对学生的肯定与鼓励，这样更能激发学生在语文学习中自主积极表达的意愿。在与学生沟通的过程中，我们的语言表达还要有一定的主题性，强调根据主题内容确定语言表达中心，这样才能触发学生的逻辑思维，鼓励学生积极反思，从而达到提高教学语言表达能力的目标。

第二节　小学语文课堂教学现状

一、小学语文课堂教学存在的问题

教学观念较为落后。当前，一些教师在进行教育活动时，所遵循的教育理念比较陈旧，在教学过程中，往往会被以前的教育思维所打断，使整个教育形式更加僵化。随着教育改革的深入，整体素质得到了很大的提升，但由于地方小学教师所受的培训相对较少，因此，即便使用了新的教材，也很难体现新教材的育人价值，因此，目前的教学效果并不理想。在实践中，有些老师往往会把教材的内容与教学相结合，使教学的整体形式比较单一。此外，有些老师在备课的时候，仍然会用老的课本来准备，这也会影响到教学的思维，从而阻碍了教学的创新。许多课堂的吸引力、趣味性都比较差，这就会影响到学生的学习兴趣。在小学语文课堂中，有些老师主观上想要在传授知识的基础上再优化教学形式，提高学生的综合素质，但客观上却没有改变以往的灌输方式，造成了小学语文课堂教学的深度不够，学生所掌握的知识只停留在表面。此外，在小学语文课堂上，学生的主体作用并未得到充分体现，许多老师仍然把自己置于教育的主体位置，而小学生对语言的理解只能是被动的，很难将其与教学内容相结合，对讨论活动的效果也不是很好。由此可见，目前我国小学语文教学的整体氛围和师生关系都不尽如人意，有待进一步提高。因此，教师应根据学生的实际情况，尽量适应时代的发展，把科学、有效、新颖的教学方法引进到教学中来，使语文教学成为学生的知识和能力的加油站。

教师综合素质较为不足。教师的整体素质相对较低，是制约其教学质量的主要原因。一些地方，人们的生活水平和工资水平都比不上大城市，这就造成了许多学生在毕业后都不愿意从事教育工作。另外，也有一些青年教师，由于没有足够的教学经验，耐心也比较欠缺，这也会影响到他们的实际教学。此外，在某些偏远地区，语文老师在进行教书育人时，往往使用方言进行教学，严重影响了学生的语言水平，也不利于多地区间的互动交流。长期来看，我国的小学语文教育很难实现长期的发展，而且总体的教育质量也很低。

二、小学语文课堂教学新课改发展

（一）小学语文教学改革的价值

1.有利于引发学习主动性

在过去的小学语文教学中，教师没有运用正确的教学方法和方式进行教学，使整个教学气氛比较单调，学生难以体会到语言的魅力，长此以往，小学生可能会逐渐出现厌学、畏难等心理，这对以后教学工作的开展极为不利。通过实施小学语文教育的改革，可以逐步培养生动有趣的小学课堂气氛，让小学生们体会到语言的乐趣和魅力，从多角度、全方位地了解所接触到的语言知识，从而提高他们学习的积极性，激发他们的学习兴趣。

2.有利于深化小学生理解

一般而言，小学生的理解能力是有限的，对于高难的课文，往往理解不够透彻，不够深入，影响了学生的思维能力和综合素质的发展。因此，通过对小学语文教学的改革，可以使教学形式和内容得到进一步的优化，通过信息化和分组教学，使所学的内容更加生动、具象，使学生更好地理解不同文章中蕴含的思想情感，深化他们对所学语文知识的理解。随着时间的推移，学生在语言学习中的自信心会逐步增强，从而提高他们的语言水平。

3.有利于优化语文教学形式

在过去的小学语文教育中，老师所采取的教育模式比较单一，多采取自上而下的方法进行知识讲解，从而严重地影响到学生对语言的理解，使学生的学习积极性下降，使学生在语言课堂中的参与性下降，也严重地制约了教学质量提高。因此，在语文教学改革中，我们可以打破传统的教育方式，打破原有的教育方式，使学生真正地融入到语言的课堂中。同时，通过网络技术，把小学生的语文知识与日常生活、兴趣爱好有机地结合在一起，形成一种更为智能、系统化的教学模式，从而提高小学语文教学的改革成效。

（二）新课改背景下小学语文教学新要求

自新课改实施以来，其对小学语文教学提出了一些新要求，具体包括：

教学互动性。随着新课改的实施，传统教学模式越来越不能适应社会发展需求，课堂教学互动性已成为教学改革的主要方向。增进课堂教学互动，不仅可以激发学生兴趣，还能提升课堂教学效率，促进学生能力与思维发展。所以，教学互动性增强已成为小学语文教学中的一个主要特点。

教学灵活性。小学生天生好动，思维活跃程度远超人们想象。特别是在信息技术快速发展的今天，小学生接触到的信息很多，懂得的东西自然很多。在课堂教学中，小学语文教师应改变传统教学模式，结合小学生思维发展特点，采取适当的教学方式，加强小学语文教学创新。

教学实践性。新课改中提出：小学语文教学期间，教师可借助实践活动，帮助学生提高知识应用能力，提高其实践水平。但若教学模式偏理论化，则很难帮助学生提高实践能力。所以，新课改背景下，应努力提高小学语文教学实践性。此外，新课改多以现代基础教育改革为主要目标，推动素质教育全面发展。在新开展的素质教学中，小学语文教学面临新的发展机遇。新课改实施期间，教师应摒除旧思想，加强教学模式创新，将实践教学和课堂结合起来，应用科学方法全面落实素质教育改革。再者，新课改也对不同阶段的学生技能、知识、情感、价值观等提出新要求，目标、学科性质与教学评价也不一样。站在另一视角分析，教学创新多以素质教育为基础，新教学模式可为教学增添新的色彩。所以，小学语文教师应加强教学创新，同时将素质教学内容当作基础，借助自身努力，将创新教学融入小学语文课堂教学当中。

（三）新课改背景下小学语文教学现状和挑战

未培养学生实践能力。现阶段，很多教师在上课期间，对知识点的讲解多停留在教学大纲方面。应试教育当中，教师仅讲述课本知识内容，教学任务也能顺利完成。该类教学模式会对学生实践能力培养产生影响。学生语文课堂知识学习常常受限，所以难以学到更多知识。即便一些能力较强的学生已经了解了课本内容，但因教师忽略了学生实践能力的培养，故而常导致学生难以理解较难的知识点。加上很多教师教学方法较死板，常应用灌输式教学法来讲解语文知识，学生常常会因此失去学习兴趣，思维发展方面也会受限，上课多为应付考试。另外，知识讲解多是简单说教，课堂教学中，学生多被动吸收知识，注意力难以集中，不能感受到语文学科的魅力，再加上教学方法枯燥、传统，所以很难达到新课改的教学要求。

教学理念、师资水平与新课改要求不符。传统教学中，教师评价学生多以成绩为标准。国内小学升学压力大，应试教育在国内教学思想中根深蒂固，故而常常导致教师与学校忽略学生兴趣、心理素质，最终影响学生创新能力的发展。另外，学校常常没有做到因材施教，未结合学生兴趣进行培养，所以学生多难以全面发展。小学语文教学方法及内容的调整，会影响学生素质发展。在这里，教学评价标准十分重要。再者，一些经济发展滞后的地区，对教师文化知识要求较低，师资力量也难以符合新课改的要求。很多小学语文教师缺少敬业与创新精神，对学生缺少关爱，工作中缺少奉献精神。

学生参与度低。现阶段，部分教师仍被传统教学理念影响，在课堂教学中仍采取灌输式教学法，遵循教学计划开展课堂教学，利用自问自答形式向学生传授语文知识。课堂教学中，教师仍是教学主体，学生仍为听从者，师生间互动相对较少。这种教学方式会对学生思维能力与个性发展产生较大影响。长期如此，势必会影响学生的学习能力发展。传统课堂教学中，学生作为知识被动接受者，在教学期间仍处于从属地位。基于这一背景开展语文教学，教师仅遵照自身意愿组织教学活动即可，不用关注学生身心发展与能力提升。

阅读与写作能力未能有效提升。就小学生而言，校园是其发现自身喜好的主要地方，学生在这里可以找到朋友，有时还能坚持自己的观点。小学语文教学中，提升小学生阅读能力十分必要。阅读能力可帮助学生开拓眼界、丰富知识，激发学生追求梦想的动力；让学生应用语言表达自身情感；帮助学生提升自身文化品位，提升语文学习的兴趣，使学生主动参与语文知识学习。在语文科目学习中，写作教学十分重要。但就小学生而言，枯燥的写作常常会让学生失去兴趣。该过程需要教师充分体会学生感兴趣的点，这样才能在提升学生阅读能力的同时提高学生写作能力。

考核机制与教学差异性问题。在社会经济发展的同时，应试教育顺势发展。在应试教育背景下，很多小学语文教师多借助考试考核学生语文成绩，而且多在考试后公布学生成绩排名，该过程很容易增加学生心理压力，无助于学生提高成绩；考核期间，过度看中知识检查，忽略学生学习能力培养。此外，在语文教学中，部分教师常将教材作为核心，结合自身经历开展语文教学，该过程很容易忽略学生个体差异与感受。在统一化要求下，即便教师看起来很认真，也很难取得理想的教学效果。长此以往，学生只能学到基础知识，不能深入理解语文思想。

（四）小学语文教学改进离不开新课改的深入发展

1. 新课改理论基础

多元智能理论。多元智能理论于1983年由美国发展心理学家霍华德·加德纳提出。其从脑部受伤病人中发现这些人学习能力方面存在差异，由此得出相关结论。多元智能包含语言智力、音乐智力、数理智力、运动智力、空间智力、自然观察者智力、自我反省智力等。这一理论的出现为新课改实施提供了新的依据与支点。

建构主义理论。建构主义理论来自儿童认知发展理论，因个体认知发展和学习过程关系密切，所以使用建构主义理论可详细说明人类学习发展中的认知规律，可向人们充分说明意义如何建构、概念如何形成、理想学习环境的要素等内容。具体内容主要为将学生作为中心，关注学生主动探索知识，主动建构所学知识。

人本主义学习理论。个人学习多为心理过程；学习是自发性、有目标、有选择的过程；更多地看重学习方法的掌握，关注学习中的知识与经验累积；看重如何在做中学；好的学习是学会怎样学习；学习内容多为有意义、有价值的内容；学生需要具有自我实现动机，教学开展应以学生为核心。

2. 新课改出发点

社会发展需求。身处学习型社会，社会发展需要所有成员保持终身学习的习惯。就像《学会生存》中阐述的一样："学会学习，并非单纯为一个口号，其更多地为一种学习方式。"可以说，学习已成为社会发展的主要条件。

语言自身特点。语文兼具人文性与工具性，传统语文教学常常不关注人文性特点，选拔人才期间忽视"才"，因而常常使得学生缺少主体性与主动性，长此以往，势必会导致学生积极性逐渐下降。

儿童学习语文心理规律。传统语文教学常常会忽略这一环节：提前了解学生困难、生活环境、自身条件。另外，还会忽略学生间的差异，所以常常会出现一锅端的情况。

3. 新课程体系改革

课程功能改革。培养学生学习主动性，学生在学习基础知识和技能期间，应学会做人，以利于建立正确的三观。

课程结构改革。为与时代要求和不同区域学生发展需求相适应，教学期间可充分体现课程综合性、科学性与选择性。

课程内容改革。加强和当代社会、学生生活与科技发展间的联系，关注学生学习经验与兴趣，合理筛选终身学习需要具备的技能。

课程实施方式改革。鼓励学生积极参与，积极动手，全面培养学生信息采集、处理、分析与解决问题等方面的能力。

三、影响小学语文教学效果的因素

（一）教师因素

部分教师教学理念落后。新课标实施后，教师的教学理念、方法发生了根本变化，但一些教师的思想认识还没有跟上时代的步伐，从而影响了教学效果。比如，新课程的教学理念强调建立和尊重学生的主体性，但是一些教师在课堂上却经常出现"满堂灌"的情况，即为了赶上教学进度，完成既定的教学任务，过分强调反复记忆，忽视了学生在课堂上的思考和讨论。这种教学方式极大地削弱了学生的学习兴趣，从而影响了他们的知识获取和能力的提高，从而影响了他们的教学效果。

教学方式呆板，程序化严重。一些教师对课程的内涵不够了解，常常站在考试的立场上，过分注重学生的词汇和句子的掌握，导致教学方法僵硬、程式化。在生字教学中，老师将汉字呈现在学生面前，让学生反复阅读，反复书写，在总结文章的主旨时，会使用"这篇文章，表达了……"的形式。同时，僵化的教学模式在一定程度上限制了学生的思维，从而影响了学生的创造力和想象力，也影响了学生的语言学习效率。

教学方法失之偏颇。在传统的课堂教学中，教师讲是主要的教学手段，"满堂灌"和反复读写是很普遍的现象。在这样的背景下，原本应该是一种美丽、诗意的语言课堂，却变得单调、僵化，使学生的学习热情受到了极大的打击。然而，个别教师却走上了另外一条极端——教室里虽然热火朝天，从"满堂灌"到"满堂问"，课堂上的热烈讨论，但缺少老师的指导，缺少对课堂氛围的有效掌控，从而使课堂教学效果不佳。

经验和风格老套。教学工作的最大特征是面向个体思考者的灵活多变。在教学中，教师不可避免地会碰到一些问题，这些问题与课堂上的预设内容没有关系。如果教师不能灵活地利用教育学科知识，巧妙地解决问题，不能根据学生的特征采取不同的教育策略，只采取一种习惯，那么，课堂就会失去新鲜的感觉，也会使学生失去学习的兴趣。另外，在语文教学中，教师的教学方式也很重要，如果不能把自己所学的知识转化成一种诙谐、幽默、恰当的教学方式来吸引学生的注意力，都会影响到教学效果。

（二）学生因素

学习情绪不高。就小学生所学的课程内容而言，汉语的课堂容量较大，知识点较多，如果老师在课堂中不能掌握好教学要点，势必会引起学生的反感，从而影响到课堂教学的质量和学生的学习兴趣。汉语的教学内容包括听、说、读、写。如果老师只要求学生读写，那么学生就会失去学习的兴趣，学习的结果也就不会好。在此背景下，语文老师要根据学生的年龄特征和学习规律，积极地寻找适合自己的学习方式，体味语言的魅力，并使其爱上自己的语言。

学习效果不理想。一些学生由于受到电子产品的影响而不爱读书，无法安静地阅读完整本书。有些学生在完成了初等教育后，仍然无法书写出简单的应用文字。即便有些同学掌握了大量的语文知识，也不能运用到写作中去。一份针对小学学生的问卷调查显示，很多学生在阅读方面的积累已经跟不上实际需要，语文已经成为他们的弱项。

第三节　新课改下小学语文高效课堂的构建策略

一、备课精细前瞻，做到胸有成竹

苏霍姆林斯基在《给教师的建议》中，讲述了一个故事：一个在学校工作了33年的历史老师，上了一堂非常出色的观摩课。邻校的一位教师问他："您的每一句话都具有极大的感染力。不过，我想请教您：您花了多少时间来备这堂课？"那位老师回答说："对这节课，我准备了一辈子。而且，总的来说，对每一节课，我都是用终生的时间来备课的。不过，对于这个课题的直接准备，或者说现场准备，只用了大约15分钟。"一辈子与15分钟，苏霍姆林斯基用案例的形式，道出了精细备课的重要。一节高效的课堂，备好课是关键。在备课上多下一些功夫，在教学上就会更出彩。只有课备好了，课堂的各个环节才能有条不紊地进行，才能抓住学生的眼球，引导学生的思路，才能向课堂40分钟要效率，才能更好地帮助教师完成教学任务。

上课前除了按照教参上的教学目标认真备课外，还要在教研组内交流，每位教师都会毫无保留地把自己备课中对重点、难点的理解、疑问等进行探讨。在这个过程中，大家博采众长，意识互补，想法互换，真正实现有形的和无形的资源共享。备课时，还要站在学生的角度提前预设课堂上可能产生的问题，认真思考解决问题的办法，这样才能更好地驾驭课堂，在教学中处于主导地位，课堂也能更有序地进行。比如，《古诗三首》一课中的生字"裳"，以往的学生常常会把"衣"下方的点与横丢掉，有了备课时的充分了解与掌握、课堂上的重点强调，就避免了学生写字时出错和出错后的反复订正。

二、"苛求"完美作业，共享优秀作业

2022年版的《义务教育语文课程标准》指出：识字评价要考察学生认清字形、读准字音、掌握汉字基本意义的情况，在具体语言环境中运用汉字的能力，借助字典、词典等工具书查检字词的能力，帮助学生养成写规范字的习惯，减少错别字。要想让学生在书写方面占到优势，平日就要对学生的书写"较真"与"苛求"，比如蜿蜒的"蜒"字第十笔是竖折，敷药的"敷"字第三笔没有钩等等。让规范

成为深入每个学生骨髓的习惯。

平日，看到了赏心悦目的作业，除了在本班进行表扬、展示外，还会在各班进行巡回展示，既大大鼓励了本人，也给其他学生一个优秀作业的样板。比如，有的学生的积累本图文并茂，从内容到布置都堪称一件艺术品，这样的好作业，在展示时，会给其他学生带来视觉盛宴的同时，也给作者本人带来促使他做得更好的动力。

三、做教学的有心人，有意识地拓展补漏

（一）拓展

语文教什么？这是个值得每个语文教师思考的问题。如果仅仅是照本宣科，把书本上的知识告诉学生，无疑是远远不够的。这就需要我们每个语文教师具备挖掘拓展教材的能力。作为中高年级的学生，他们应当对一些经典著作有所涉猎，比如中国古典四大名著之一的《三国演义》，在五年级的时候就应该要求学生进行自主阅读。为了调动学生的阅读兴趣，我还专门为学生整理了多套"三国知识练习题"，里面有关于"三国"的典故、歇后语、人物的性格特点、我最喜欢的"三国"人物等等。学生兴致高涨，天天手捧"三国"，个个神侃"三国"，真正掀起了"三国"读书热。

（二）补漏

在平时的教学中，注意随时整理和记录学生的问题和漏洞，课上针对这些缺漏予以补充，以求得学生对知识点的全面掌握，既省去了大量的重复性工作，又修补了学生的知识漏洞，效果很好。针对学生的这些知识漏洞，整理了专项练习资料，在很长一段时间内坚持让学生练习，帮助他们找到了规律，掌握了方法，真正填补了这些漏洞。

四、条分缕析、博采众长的复习

作为温故而知新的复习，是针对学生的认知规律而设计的一种特定的教学形式。它不仅有巩固知识、训练能力的功效，更有"温故"和"知新"的收获，所以复习课的设计与把握决定着学生对知识的驾驭程度，不可小觑。根据学生的年龄和成长特点，学生的复习可以分单元复习、阶段性复习和学期末总复习。平日教学中我们大都是采用"课课清"的做法，学习完一篇课文紧接着进入下一篇课文的学习，这种学习方式让学生所学到的知识相对零散一些，所以更应该重视单元复习，每一个单元有着共同的主题，每一课侧重于一个方面，通过复习让学生

理清单元脉络，系统地掌握单元内容。总复习是对一个学期所学的知识进行总结，让学生从总体上了解和掌握全册的知识体系，对整本书的内容有一个整体把握。

五、用好小本本，写作聚宝盆

新课标强调了作文教学的重要性，作文教学已经成为语文教学重要的一环。好的作文教学能够提升学生的发现和观察能力，帮助学生提高语言表达能力以及对文字的感悟能力，特别是能够让学生走进生活，品味生活，进而热爱生活。作文教学需要进行综合性的训练，需要学生先积累再创作，需要教师课堂上有目的的指导。小本本就是作文教学中书面表达训练的良好做法之一，也是培养学生写好作文的关键一步。

小本本的栏目大体有三大类：词句积累类、抄写剪贴类、自由创作类。对于词句积累，不能让学生漫无边际地胡抄乱写，要根据教科书的单元文化主题和课文内容规定主题，让学生围绕主题自主设计，填充内容。例如，在学习了课文《祖父的园子》后，可以规定学生抄写的主题是"童年·童真·童趣"，让学生摘抄描写童年的佳词妙句；在学习了《从军行》《凉州词》两首古诗之后，布置学生积累其他有关边塞生活的诗词；学习了《秋夜将晓出篱门迎凉有感》之后，可以确立以"爱国诗人陆游"为主题的文章。

抄写剪贴类主要取材于学生的课前预习和课后拓展，比如"詹天佑主持修筑京张铁路的历史背景"，比如"老舍的生平资料"，再比如"李白的传奇一生"等等，这些内容为学生展示自主学习和探究的成果提供了一个阵地，也使学生加深了对课文的理解。自由创作类，顾名思义，就是让学生记录自己在生活中的发现、感受，每天发生在身边的事情及自己的看法，自己偶然间闪现的灵感等，类似于写日记。写日记是学生最头疼的事，他们不愿写也不会写，无话可说和流水账是最常见的。除了朗读范文和传授方法外，教师应更注重结合学生身边的小事，调动他们的情感，刺激他们的写作欲望，帮助他们选取素材，让日记成为教师和学生情感交流的重要渠道。经过一段时间的训练，学生会由最初的不愿写、不会写，到自觉写、写得好，读写积累本不仅记录了他们在认识方面的提高，收集了他们自己喜欢的文章，而且成为他们发表习作的园地和展示他们成就的平台。

六、课前三分钟，日久见奇功

（一）从效果中受益

伴随着每天的第一节语文课铃声响起，便会有一位学生面带微笑、自信满满

41

地走上讲台，"同学们好，今天我演讲的题目是……"聆听着新颖丰富的内容，欣赏着图文并茂的课件，想象着美妙神奇的意境，整个课堂静悄悄的。学生们的感情在这里燃烧，心灵在这里成长，思想从这里飞翔——这就是我班一直坚持的课前三分钟演讲。几年的探索和实践下来，课前三分钟演讲呈现出越来越强的生命力，效果也让人欣喜不已。学生旁征博引，从古到今，从现实到理想，从国内到国际，从国事到家事乃至到自己的小事，无不透露出他们心灵的回音，甚至透漏出他们对人生价值的追求。现在每天的课前三分钟演讲，已经成了学生翘首以盼的幸福时刻。

（二）从思想上重视

演讲不会浪费上课时间吗？其实，有过这种实践的教师会深有体会，短短的三分钟小演讲，非但不会浪费上课时间，对于整堂语文课来说，反而会起到快速集中学生注意力，开启高效课堂的作用。一般来说，一节课的头尾三分钟，学生的学习效率是比较低的。刚刚课间活动了十分钟，学生往往满头大汗、气喘吁吁，还沉浸在课间的游戏中，甚至意犹未尽。此时开始课堂教学，学生的注意力必然不能马上集中，一时之间很难投入课堂，学习效果不会理想。而每节课前用三到五分钟时间，通过演讲的形式让学生讲一讲、谈一谈、听一听、评一评，既可以让学生平复情绪，又可以扩大知识面，提高语文素养，真可谓一举多得。

（三）从方法上指导

演讲内容要收放自如，形式要大胆创新。所谓"收"，指的是演讲的内容根据教学需要的命题演讲。这类话题，既紧扣近期语文课堂教学内容，又把口语训练和课堂教学紧密联系起来，促进了学生对课文的理解。所谓"放"，即让学生自由选题，让其发挥自己的优势，尽情展现风采。所谓"半收半放"，即对演讲内容不做太多限制，让学生在备选的话题中自由选择。

可以提供给学生的话题有很多，比如：自我介绍。这种话题特别适用于新学期伊始刚刚组建的班级。学生面对陌生的班级、陌生的老师、陌生的同学，难免会紧张拘谨。这个时候让他们做个自我介绍，可以帮助他们加速彼此了解，也可以帮助教师第一时间深入了解每个学生的个性特点。教师可以首先示范，教给学生自我介绍的方式方法，鼓励他们尽可能全面深入地介绍自己，采用新颖独特的方式，让同学们能够更容易记住自己。

精彩片段赏析。阅读对于提升学生的语文素养，丰厚学生的文学底蕴不言而喻，因此语文教师应该格外注重指导学生大量阅读。除了熟读课文之外，还要广泛阅读课外经典作品。比如名家名篇、中外文学名著、当代文学作品等，学生均该涉猎。但由于学生所选的书籍不同，兴趣爱好不同，所以他们的收获也往往不同。在课前三分钟演讲时，让学生把自己近期正在阅读的作品中最喜欢的精彩片段和大家分享，既可以展示学生的阅读收获，又可以在学生中间进行知识互补，对于以后的阅读方向和书目选择也是个很好的指导。

推荐一本好书或一部好电影。相比精彩片段赏析，整本书阅读和整部电影欣赏更适合中高年级的学生。学生只有在自己深入阅读、理解的基础上才能畅谈感受，才能有充分的推荐理由。聆听演讲的学生收获的不仅是一本本书，一部部电影的名字，更有他人的阅读感悟和观后感受，更能激励他们深入作品，潜心感悟。

结合时事谈感受。这个话题往往适用于高年级学生，设立的初衷是鼓励学生关注新闻，关心时事，并能就发生的重大事件发表自己的看法和见解，对于培养他们的政治敏锐性、思维独立性和语言表达力都有意想不到的效果。讲完之后，台下的学生也可以发表自己的观点和主张，往往一个人的演讲就变成了很多人的辩论，学生的综合素养就在这样日复一日的思辨中潜滋暗长。

分享自己的得意作品。学生进入中高年级之后佳作迭出，如果观众仅仅限于老师一人难免可惜。利用课前三分钟演讲，学生可以把自己的得意作品和同学们分享，听听来自同龄人的意见和建议。学生既可以学习优秀作品，又能够提高鉴赏水平，更可以增进彼此之间的沟通和情谊。

（四）在讲评中促进

没有评价的教学行为是不完整的，也不利于调动学生的积极性，更不能为学生今后的学习指明方向。因此，一定要重视演讲后的讲评。最初讲评活动可以以教师为主，主要评价学生演讲的精彩之处和需要改进的地方。而后教师逐渐放手，把讲评的舞台留给学生，让他们之间互相评价。当然，讲评的重点一定是发现闪光点，肯定值得大家借鉴学习之处，这样可以充分调动每位演讲者的积极性，激励他们为下一轮演讲做好更为充分的准备。我们也可以把学生的演讲拍成视频，发到班级群里，让家长们也参与点评。学生的观众多了，他们演讲的积极性也会空前高涨。还可以每周选出最佳演讲者一名，代表班级走到平行班级去演讲，让他们在更多的同龄人面前展示自己的风采。学生一定会摩拳擦掌，跃跃欲试，都想成为周冠军。

第三章 小学语文课堂的有效提问

第一节　课堂有效提问的相关理论

一、课堂提问概述

（一）课堂提问的内涵

语文教师的教学水平、教学能力和教学效率的高低，大部分可从其发问点、发问方法和发问时机考察出来。教师选择的发问点、发问方法和发问时机，都体现着教师对教材理解的深度，知识的广度和对学生的理解、学习难点、心理特点的了解程度。要运用好提问的教学手段，首要的是搞清楚提问的性质。古希腊著名的教育家苏格拉底提出了"产婆术"的提问法，通过讽刺、助产、归纳和定义四大步骤来启发学生通过自己的能力获取知识、培养能力。苏格拉底认为提问是一种传授学生知识的手段，他曾说道："我不以知识授予别人，而是使知识自己产生的产婆。"中国的教育家也对课堂提问这一概念做出过相关论述，韦志成老师曾言："在课堂教学中，提问是为了调动学生积极思维，教师依据教学内容向学生提出问题，是引导和促进学生自觉学习的一种手段。"还有的学者将课堂提问定义为"教学的重要手段和教学活动的有效部分、师生互动的桥梁、信息传递与反馈的有效途径"等。

（二）课堂提问的分类

1. 根据课堂提问的形式

（1）引趣式提问

"成功的教学需要的不是强制，而是激发学生的学习兴趣。"兴趣是最好的老师，教师在教学过程中根据教学内容，设计生动有趣的问题情境，激发学生兴趣，使学生产生求知欲，成为"好知者"。学生在课堂学习中占据主体地位，提问要促使学生能主动地探究世界、自主地获取知识。"没有兴趣的学习，无异于一种苦役；没有兴趣的地方，就没有智慧和灵感。"教师引趣式提问叩开学生的思维大门，发展学生的智力和能力。

（2）引导式提问

孟子说："君子引而不发，跃如也。"意思是指教射箭的人拉满弓，把箭搭上，摆出要射箭的样子，但是没有射，这样让学射箭的人体会要领。引导式的提问就是教师铺桥搭路，引导学生对问题进一步思考。教师不用把每个问题都阐述清楚，在学生"愤""悱"之时，通过引导启发，指明途径，鼓励学生的信心，起到水到渠成的效果。教师提问时要精心设计问题，将提问难度设置在学生"跳一跳，摘到桃"的层次上，把学生引入最佳学习状态。

（3）连环式提问

教师提出环环相扣的问题是由浅入深、由易到难的构建知识体系的过程。前一个问题是后一个问题的基础，后一个问题又是前一个问题的延续。教师根据教学目标，精心设计一个个前后关联、上下有层次的问题，引导学生逐步接近知识的巅峰。以《苏州园林》教学为例，教师逐步提问："苏州园林给人的总体印象是什么？从哪些布局能体现苏州园林是中国各园林的标本？这些布局讲究又是怎样做到的？苏州园林建造艺术给今人怎样的启发？"以上四个问题体现出提问的层次性，引导学生拾级而上，减缓了知识的坡度。

（4）想象式提问

爱因斯坦曾言："想象力比知识更重要，因为知识是有限的，而想象力概括着世界的一切。"想象式的提问可以让学生的智慧插上想象的翅膀，思维飞翔于广阔的天空，学生通过丰富的联想深化内心体验。教师在课堂中营造民主和谐的气氛，并抓住时机提问，让学生置身于新奇的环境当中，触动学生的心弦，使他们积极投入探究性的学习当中。以《泊秦淮》教学为例，教师提问："读完全诗我们已经能初步感受到'烟笼寒水月笼沙'的朦胧美景，哪位同学能大胆想象，描绘出这一美景？"教师可以通过展示相关的图片，让学生大胆想象，自主描述此情此景，发表见解，感受全诗的情感基调，加深对作者心境的体悟。

（5）互动式提问

在互动式提问过程中，教师与学生双边互动、共同参与，教师成为学生学习活动的组织者、引导者和合作者，学生是学习活动的参与者。"石本无火，相击而发灵光。"通过互动式提问，师生相互交往、影响，学生放开拘束，参与问题讨论，在思维的撞击中擦出智慧的火花。

（6）深究式提问

事物的发展都有其因果联系，为了解决问题就必须要对事物发展的原因、过程和结果进行探索，进而揭示事物的发展规律。教师采用深究式的提问启发学生对所提的问题进行探索和研究，通过探讨、观察、联想、实验、制作、演示等一系列的探究活动，让学生参与并且体验知识的获得过程，得出相应的结论，构建新知识，从而培养学生的科学探究精神和能力。以《DNA 的结构》教学为例，教师提问："观察 DNA 是由几条链构成的？位置的关系是怎样的？它们的方向是一致的吗？"这几个问题从学生已有的一些基本概念出发，使学生关注 DNA 分子组成的结构，帮助学生理解复杂的概念，最终让学生掌握知识。

（7）比较式提问

比较是教学中最常用的方式，是思维和理解的基础，也是确定研究对象之间共同特征和相异特征的思维过程和方法。运用比较式的提问，能使一些不容易直接从理论上理解的问题变得简单而又直观，从而突破教学的难点。一般比较式提问有列表法、提纲法、图解法等多种方法。在语文课堂教学中，教师可以通过比较式提问对相似的内容进行知识迁移，如《卜算子·咏梅》，教师提问："毛泽东和陆游笔下的梅花有何相似和不同之处？立意有何区别？"学生从不同角度对问题进行研究，积极参与到课堂，触类旁通，举一反三，提高自身的思辨能力。

（8）拓展式提问

"拓展"是开拓、扩展的意思。拓展式提问指教师在引导学生学完教材内容的基础上，及时对知识进行合理的拓展和延伸，以激发学生的学习兴趣，开阔学生的视野，增长学生的知识，促进学科甚至是跨学科知识之间的合理渗透和整合，以举一反三的方式使课堂充满生命活力。拓展式提问具体可以从紧扣学生兴趣、围绕教学目标、基于学生认知等多方面展开。

2. 其他分类方式

（1）根据布鲁姆教育目标分类

目前仍被广泛提及的课堂提问分类是美国著名教育家特内的分法，结合布鲁姆《教育目标分类学》的基本思想，对"应向学生提出什么问题"这个命题做了深入研究，创设了布鲁姆—特内教学提问模式，由低到高分为六个层次水平：知识（回忆）的提问、理解水平的提问、应用水平的提问、分析水平的提问、综合水平的提问、评价水平的提问。以上六个层次当中，前面的三类是初级层次的问题，特点是有直接的、明确的、无歧义的答案，而后面的三类是高级认知的问题，特点是没有唯一的正确答案，根据角度的不同会有不同的回答。此外，桑得士也结合布鲁姆的目标分类理论将提问分成了七种：记忆性问题、转换性问题、解释性问题、应用性问题、分析性问题、综合性问题、评价性问题。

（2）根据威伦等人的理论分类

威伦等人将提问分为四层水平：第一，低层次集中型问题。问题要求学生做再现性思考，表现为学生回忆和再认相关信息，突出记忆和保持。第二，高层次集中型问题。问题要求学生在低层次集中型问题之上产生思考，表现为要求学生超越记忆，对材料进行组织理解。第三，低层次分析型问题。问题要求学生对相关内容作批判性思考。表现为学生分析相应信息，发现原因，得出结论或寻找观点的支持依据。第四，高层次分析型问题。问题要求学生通过原创性和批判性思考，作出预测解决问题。依靠于内在和外在的标准判断想法、信息、行为、审美表达。

（3）根据问题逻辑分类

初中语文课堂中教师通过提出问题，让学生自行发现、领悟、认知、获得知识，所提的问题必须要具有逻辑性。问题逻辑是现代逻辑的新分支，也是探讨应用问题的思维科学，它具体包含了"问题"和"答案"两个方面。每个问题都有已知成分和未知成分。已知成分是指组成问题的有关概念以及隐含在问题中的判断，未知成分则是指所提出的疑问。按照问题逻辑提出问题的类型主要有三种：一是判断问题，它要求对"是什么"做出判断，通过对学生记忆的检查来培养学生的分辨、认知能力，分为选择式和填充式两种。二是说明型问题。要求对"怎么样、怎样、怎么、如何"等作出说明，通过对学生叙述的检查，培养学生有条理的思考能力。三是论证型问题。它要求对"为什么"进行论证。通过对辩论的检查，培养学生分析、抽象的思维。例如《济南的冬天》，教师提问："作者老舍在描写济南冬天的山水时，是怎样展开联想的？用了哪些修辞手法？为什么这样写？"这个例子中问题第一问是说明型问题，第二问是判断型问题，第三问是论证型问题。在初中语文课堂教学中，正确运用问题逻辑理论，可以加强提问的有效性。

（4）根据寻找问题答案的方式分类

按学生找寻问题答案的方式可将提问分为法理式提问和体悟式提问。法理式提问是指让学生在具体文本中寻找依据，用事实逻辑来支撑自己的观点。法理式提问的表述方式主要有选择性提问、开放性提问两种。例如《我的叔叔于勒》，教师提问："结合文中于勒的个人经历，你觉得他值得同情吗？"这个选择性的问题要求学生研读课文，找寻到证明自己观点的文章细节。但是学生面对选择性提问时，答案一般局限在了"是与否"上，不利于多元思维、辩证思维的发展。教师在此时可以多加引导，并将问题变得更具开放性，如提问："你对文中的于勒叔叔有什么看法？对他有什么样的情感呢？"这样开放性的提问就大大减少了对学生思路的限制，更易取得突破。体悟式提问是要求学生在作答时除了在文本中找依据，更要介入情感经验。学生运用自己的情感去体悟作者在文本中表达的情感，得出自己的结论。这是一种感性范畴的提问，多运用于教学情感鲜明、表达方式特定的作品，教师提问引导学生换位思考、感受体验，有利于对学生进行情感渗透教育。

（5）根据思维训练方式分类

根据教师训练学生思维方式的不同可将提问分成发散式提问、求异式提问、迁移式提问、想象式提问四类。发散式提问是让学生用不同的方法和思维思考问题，学会从正面、反面、侧面等多个角度审视问题。求异式提问是让学生不拘泥于一般原理方法，运用与众不同的思维方式寻找新东西，提问多运用于议论性质的文本或问题，着重培养学生思维的独特性、创新性。迁移式提问指通过将文本学习迁移到别的对象上，或引申至广阔的生活中，让学生产生联想感悟。想象式提问是在知觉材料基础上，让学生结合课文情境，进行必要合理的想象，设身处地发散思维去创造出生动具体的新形象，加深对文本的理解。

二、有效教学与有效提问

有效教学的理念源于20世纪上半叶西方的教学科学化运动，特别是在教学效能核定运动之后，这一概念开始频繁出现在教育视野中，引起人们的广泛关注。有效教学这一概念的提出也是"教学是艺术还是科学"之争的产物，在20世纪以前，西方教育理论中占据主导地位的教学观普遍认为教学是一种艺术，随着20世纪心理学的发展，人们明确地提出教学也是一种科学。

自此，人们开始关注如何运用观察、实验等科学的方法来研究教学问题，有效教学就是在这一背景下提出的，其核心问题就是教学的效益，即什么样的教学是有效的。华东师大的崔允漷教授将"有效教学"的概念分解为"有效"和"教学"两个方面，其认为"有效"是指通过一段时间的教学之后，学生自身所获得的具体进步或发展，也就是说学生有无进步和发展是判断教学有无效益的唯一指标，而教师的教学工作是否辛苦、学生的学习过程是否存在困难不能用以说明教学是否有效；"教学"则是指教师引起、维持或促进学生学习的所有行为，如激发学生的学习动机、明确学生的学习目标和学习内容、采用清楚的和学生易于理解的教学语言等。

因此，有效教学是为了提高教师的工作效益、强化过程评价和目标管理的一种现代教学理念。福建师范大学的余文森教授对有效教学的"有效果""有效用""有效率"三大内涵做出了详细阐述,其指出"有效果"即学有所得、学有所获;"有效用"即学的东西是有价值的、有用的;"有效率"即学的过程和方法是科学的、简洁的、省时的。余文森教授用掰玉米的示例对比学生的学习过程,"有效果"即工人到达玉米地的终点时能够掰下一定数量的玉米;"有效用"即工人掰下的玉米是完整的、良好的;"有效率"则指工人在掰玉米的过程中是迅速的、安全的。

有效教学是对课堂教学质量的一种理想追求,也是当前教学改革、实现减负增质的核心思想。有效性是课堂教学的生命,如果忽视课堂教学的有效落实,一切教育教学改革最终都会大打折扣。

课堂教学是学校教学的主要形式和主阵地,是抓好中小学教育、提高教育教学质量、实现培养目标的重要保证。在新课程理念指导下,课堂教学的样态也在发生相应转变,过去所倡导的"教师主导学生主体"的教育理念已经发展为如今的"师生双主体共同发展",体现出以人为本、尊重人的主体性的教学特点,也更加注重师生间的双边互动和沟通交流。课堂提问以对话的形式架起了师生间交往互动、理解和交流的桥梁,不仅是推进教学过程、落实教学目标的重要教学手段,也是培养学生自主思考、自由表达和合作交流能力的重要途径。因此,实现有效的课堂提问就成为了实现有效教学的主渠道。

三、小学语文有效课堂提问的依据

(一)理论基础

1.人本主义学习理论

人本主义学习理论是建立在人本主义心理学基础之上的,其主要代表人物是马斯洛和罗杰斯。人本主义学习理论认为,人类天生具有学习的愿望和潜能。人的学习与动物的学习不同,人的学习是建立在主观能动性之上的,反映出其情感、态度、价值观等人类社会独有的特征因素。要想深入地探讨人的学习这一话题,就应该将人特有的情感等因素考虑在内,尤其是人的创造力、主观感受和价值等。人本主义将学习看做是在自身已有经验的基础上,把外界知识内化成自身知识结构的一部分的过程,应该是有价值有意义的学习过程。如果学习只涉及心智则是一种无意义的学习,是一种只发生在"颈部以上"的学习,与个人的情感和意义无关,也和罗杰斯倡导的培养"完整的人"的教育目的不符。因此,教师不能将学生看作知识的容器,以灌输的方式来教育学生,而是要在了解学生的学习能力和发展水平的基础上,全面地促进学生的发展,满足其学习和情感需要,鼓励学生积极主动地学习，培养他们的自我学习能力，这样的教育过程才更有价值。

人本主义学习理论对本研究的启示：教学的对象是学生，他们是有着不同生活经验和学习潜能的独特个体，教师需要通过有效的课堂提问将学生的学习潜能最大程度地激发出来，满足其学习需要，促进其知识的学习和思维的发展。因此，教师进行课堂提问的出发点和归宿都应该是学生。在设计提问时，教师需要明确提问的目的、提问的内容和难度，以教学目标和学情特点为参照；在课堂提问时，教师需要尊重学生的观点和意愿，鼓励学生表达自己的观点或者根据自我思考的结果来回答问题，不过分追求答案的唯一，而是善于发现学生回答中的精彩生成；在课后，教师对提问情况进行反思时也应当以学生为主，学生的收获和体验才是提问有效与否的检验标准，而不能一味地追求教学效率。提问不是简单多次地呈现知识，而是旨在通过提问来帮助和促进学生思考，让其主动地更新知识。

2. 最近发展区理论

苏联心理学家维果茨基基于其对高级心理机能的分析提出了最近发展区这一概念。他把儿童的发展水平分为"自己独立解决问题"和"在他人帮助下才能成功"两种，前者是儿童现有的学习水平，后者是儿童可能的发展水平，这两者之间的水平落差称为"最近发展区"。当下的发展水准是"昨天的发展成果、发展的总和"，最近发展区则是"明日的智慧发展"。此理论一方面从心理学的角度表明每个学生都有潜在发展的能力，另一方面也从教育学的角度指出，教师帮助学生实现潜能发展的关键是教学必须着眼于学生现有学习水平与可能发展水平之间的域差。最近发展区理论对本研究的启示：由于学生具有两种不同的发展水平，因此教师在课堂教学活动中所提的问题不能太过简单，不用思考即可作答，这样容易导致学生思维得不到很好的锻炼，从而降低学习兴趣和探究欲望。教师的课堂提问应该有一定的梯度和难度，不能一味地停留在学生现有的认知水平上，而是要适当拔高，高于学生已有的认知水平，要让学生"跳一跳"。但同时应该注意，提问的难度应该处于学生的最近发展区内，不可高于儿童可能的发展水平上，教师的提问应该是大部分学生经过思考后都能作答的，要让学生在"跳一跳"之后还能"够得着"。教师在设计和实施课堂提问时一定要关注如何将学生原有认知与教学目标相链接，有序地组织教学。教育是一种生长，只有关注学情，从学生的实际出发，着眼于学生学习和发展来设计和实施课堂提问，语文教学才能成为有源之水，有水之木。

3.教学过程最优化理论

苏联教育家、教学论专家巴班斯基是提出"教学过程最优化"教育思想的代表人物。巴班斯基用系统论的观点把教学过程看作一个系统，具体包括教学目的和任务、教学内容、教学方法、教学组织形式、教学结果五个基本要素。他指出，教学过程最优化是在全面考虑教学规律、原则、现代教学的形式和方法、该教学系统的特征以及内外部条件的基础上，为了使过程从既定标准看来发挥最有效的，即最优的作用而组织的控制。最优化不是指某种特定的教学方法或手段，而是教师在符合教学规律和原则的基础上，有意识地、有科学依据地对整个课堂教学过程所做出的一种安排。巴班斯基认为教学最优化包括以下几个方面：耗费最少的必要时间、耗费最少的必要精力、花费最少的经费、取得最大的可能效果。巴班斯基不仅提出了教学过程最优化理论，而且还把这一理论应用于教学实践并形成了一套行之有效的教学程序，即：合理设计教学任务；选择能够解决教学任务的最合理方案；实施方案；评价教学效果和分析所花费的时间、精力和费用。

教学过程最优化理论对本研究的启示：教师必须在综合考虑本课的教学内容、学生的学习情况的基础之上精选课堂提问的内容和方式，以学生能够接受的方式来进行提问。教师在提问时需要缩减数量、提升质量，以少而精的提问引发学生的深度思考，促进学生对知识的整体认知。新课改以来，我们一直提倡学习的整体观和系统性，告别曾经那种繁琐的分析式阅读和讲解方式，这就需要教师将琐碎的、类似的提问进行整合，综合考察学生的学习情况，而不能以频繁的、简单的提问打断学生的思考，将知识点分解过细，灌输给学生。此外，教师在提问时要能够从学生的回答中敏锐地判断出学生的学习成效，不能仅仅满足于学生回答的正误，同时也要关注学生回答时的语句和感受等，以此来落实提问的目的。

（二）课标要求

在课标中，语文课程的总体目标指出：要在发展学生语言能力的同时也要发展其思维能力，学生要能够主动进行探究性学习。对于学生问题意识和提问能力的培养在不同学段的课程目标中也有具体要求：第一学段的"综合性学习"板块指出"对周围事物有好奇心，能就感兴趣的内容提出问题"，第二学段的"阅读"板块指出"能对课文中不理解的地方提出疑问"，第三学段的"阅读"板块指出"在交流和讨论中，敢于提出看法，作出自己的判断"，"综合性学习"板块指出"对自己身边的、大家共同关注的问题，或电视、电影中的故事和形象，组织讨论"。要想教会学生提问，培养其问题意识，教师自身就要懂得如何进行提问。

从提问的内容来看，问题要有一定的探究性和思维性，这样才能激发学生的求知欲和对知识的渴求，使其经过一定的思考才能作答而不是直接翻书找答案；问题还应该具备趣味性和生活性，教师应该准确把握学生的整体学情特点和个体的学习需要，符合小学生的认知发展特点，尊重和满足学生的好奇心理。从提问的形式来看，小学语文的课堂教学还应该尽量多鼓励学生提问和表达，给学生展示和表达自己的时间和机会，明晰其思维过程，锻炼其语言表达能力。

（三）现实依据

现代科学技术日新月异的迅猛发展不仅变革了人们的生活方式，新式交流媒介的出现也给社会语言生活带来了全新的转变，对中华民族优秀传统文化的继承和语言文字的规范运用都带来了新的挑战。时代的进步要求人们具有开阔的视野、开放的心态、创新的思维，对人们的语言文字运用能力和文化选择能力提出了更高的要求，也给语文教育的发展提出了新的课题。时代的发展以及语文教学的变革都在促使学校教育增质提效，从而培养学生的问题意识、创新能力，提升综合素养。

陶行知曾言，"我们发现了儿童有创造力，认识了儿童有创造力，就须进一步把儿童的创造力解放出来"。创造力具有新颖性和独特性的特点，课堂提问是培养学生创造力的有效途径，因此在小学语文课堂教学中，教师的提问应该注重开放性，打破固有思维，不过分强调答案的唯一性，增强学生同中求异或异中求同的求异求新精神。提问要注重整体性，拒绝支离破碎的分析式解读，引导学生建立完整的知识结构；提问时要营造一种轻松自由的课堂氛围，避免惩罚式提问；提问要注重层次性，给学习能力不同的学生提供发表意见和展示自己的机会；提问还应该具有实践性，创造力应该在实践中发展，在学习中创造知识和创造理论，不去联系实际的话就只能是一种空虚飘渺没有价值的创造。在语文学习中，思维活动和创造力实践必须以语文知识和一定的语文能力作为媒介，因此教师在课堂提问中也要注重平时的学习积累，学生有了足够丰富的知识储备，思考和想象的素材才会变多。

四、小学语文有效课堂提问的功能和标准

（一）小学语文有效提问的功能

1. 整合提问内容，提升课堂教学效益

新课改以来，"满堂灌"的课堂悄然转变为"满堂问"，这样的语文课堂表

面看似热闹，体现出以学生为中心的教育理念，给学生提供了大量表达与展示的机会，但实则有一只无形的手将学生的学习主动权牢牢把握其中，这就是教师的无效提问。语文特级教师余映潮将阅读教学中的"主问题设计"作为其多年研究的主题，由于主问题具有整体性、精炼性等特点，能够牵一发而动全身，因此通过设计和实施主问题式提问也能够提高课堂的教学效率。有效课堂提问不同于琐碎的、随意的、过于简单的提问，其意义在于通过少而精的有价值的关键提问来激发学生的语文学习兴趣，引起学生的认知不平衡，吸引学生自觉主动地对文本内容进行集中深入的阅读、思考和讨论探究，使得学生真正主动地走进文本，实现师生与文本、教材编者的多重对话，提高语文教学效率。这样的有效提问具有一问能抵许多问的效果，从而避免学生被高频次的提问打断思维，能够留有更多的课堂时间让学生自主阅读，主动学习，而不是疲于被动应答。

2. 激发学习兴趣，培养学生问题意识

教育不是灌满一桶水，而是点燃一把火。课堂教学不应该是单向的知识传递，而应该是双向的，甚至是多对多的对话过程。有效课堂提问主张以学生为中心来设计问题，注重对学生学习需要的满足，对于学生解读文本所产生的独特体验具有一定的包容性，使其不至于思维受限而产生厌学情绪。此外，虽然有效提问的数量精炼，但每一次提问都能形成一个较为完整的、持续一定时间的教学活动或任务，学生在完成教学任务的时候能够有更多的机会和时间直接接触语文文本，从而在大量的语文实践中掌握运用语言文字的规律，在学习的过程中养成独立阅读的能力，在丰富知识积累的同时也有助于培养良好的语感和体验丰富的情感。教师抛出具有一定启发性和思维含量的有效问题后，学生在主动思考和沟通交流的过程中学会参与合作，也能够碰撞出思维的火花，不仅对教师的提问作出有深度有思考的回答，还能在此基础上主动提出自己的疑问，提升解决问题和发现问题的能力。

3. 改变提问习惯，提升教师专业素养

斋藤喜博曾说教师的提问是教学的生命，但是在被教师提问轰炸的热闹课堂中，提问却收效甚微，并没有问出个所以然来。因此，课堂提问在精不在多，真正设计好的有效提问往往能够起到以一当十的效果。有效的课堂提问是经过精心地预设、概括和提炼的问题，不仅需要预设问题内容本身，有时还需要预想学生可能出现的回答以便做出相应的指导，这与理科类提问不同，不能通过简单的换个数值就能即刻检验出学生的学习掌握情况。因此，教师在设计提问时不能草草了事，而是要深刻分析、准确把握教材中的宝贵教学资源、课标中的教学要求、学生的学情基点，这对于教师钻研教材、解读文本、分析学生的能力都提出了更高的要求，有效提问的广泛运用也势必会提高教师的备课水平以及与学生进行深层次对话交流的能力。由于有效提问的问题内容本身往往具有更大的概括性和整体性，所以师生在课堂教学中针对课文文本所展开的阅读品析就不同于以往细碎的一问一答，而是表现为师生之间的"对话"活动。这样的有效问题不是随意问的，必须经由仔细周密的设计，这也将普遍改变语文教师过于随意散漫化的提问习惯，带来更流畅扎实的、效率更高的课堂教学过程。换言之，有效课堂提问的探索研究能够综合立体、多面地提高语文教师的职业素养和教学水平。

（二）小学语文有效提问的标准

在对小学语文课堂提问现状展开调查之前，需要明确小学语文有效课堂提问的特征和标准，以此为基准和参考，才能对照现状准确地发现问题，明晰原因，进而提出对策。大量的教学实践表明，即使教学内容相同，而提问的用词、语气、方式，甚至是提问者的神态都会影响到提问的效果。因此我们可以根据提问效果的不同将教师的课堂提问划分为有效提问、低效提问和无效提问。

1. 有效预设

提问并不是由教师抛出问题才开始，学生回答问题即结束，课堂教学首先要做好课前的准备工作，设想实施教学的蓝图。提出一个问题往往比解决一个问题更重要，尽管经验丰富的教师能够熟练地在课堂上即兴提问，但这样的问题往往缺乏逻辑性和可控性，表面上营造出热闹的学习氛围，实际上却影响了教学效率。一个有效的课堂提问必须经由精心的设计而绝非课堂上随意抛出，因此在课前的预设阶段，教师应当明确提问的目的，选择提问的内容，在预设问题的同时也要预设学生可能作出的回答以便继续深化指导。教师在设计问题时要从教材文本出发，以学生为中心，紧扣课标要求和单元主题，还可以结合教参资料、自身教学经验来进行问题设计，以提高课堂提问的有效性。课前有效预设包含的具体要求如下：

第一，选择提问内容。在分析和解读教材文本时，教师首先要明确提问的内容，如提问的位置、对什么知识点进行提问、从什么角度来提问等。教师所选取的提问内容应当是本堂课中的重难点，其目的在于落实教学目标、促进学生的知识和能力发展。语文知识包括字、词、句、篇、语、修、逻、文等多个方面，教材文本中的学习素材也很丰富，如果从不同的角度来设计提问，将会促进学生不同方面的语文能力发展。如余映潮老师对《狼》这一课的问题设计：运用情境表现的方法朗读课文、分别从屠户和狼的角度概括段意、给每一段文字写上30字左右的课文点评、论析狼的小说技法等，这就分别锻炼了学生的朗读、概括、写作、分析能力。因此在预设提问时，需要教师仔细地对问题内容进行斟酌和取舍。

第二，明确提问目的。教师在设计提问内容时应该明确提问的目的，如突出教学重点、突破教学难点、激发学习兴趣、落实单元语文要素的训练等，从而避免盲目地提问、为了提问而提问的现象。教师在预设问题时可以对照着问题内容来检查是否能够达成某个提问的目的，如果不能则需要删去无关和无效的提问。

第三，预设问题答案。课堂提问不是简单形式上的一问一答，学生做出回答并不代表提问的终结，相反，学生的回答才是思维发展的起点，教师应该抓住其中蕴含的教育资源，进一步展开追问，明晰学生为什么这样回答。如果教师在备课阶段缺乏对问题的预设，就容易造成课堂上的措手不及，面对学生多种多样的回答难以给出有针对性的理答和反馈。教师可以根据教学文本内容、学生的学习能力水平和学习习惯等来预测学生可能做出的回答，做好理答和引导的准备。如余映潮老师曾将《卖油翁》的精读问题设计为"用'课文中有两个……'的句子说话"，并从文章结构、词语、人物性格、标点符号、对比手法等九个方面对学生回答进行了充分的预设，指出了进一步指导的方向。只有在课前充分准备，胸有成竹，在课堂教学中才能势如破竹。

第四，设问依据广泛。新课改呼吁教师"用教材教，而不是教教材"，然而教师在教学实践中常常容易陷入误区，将教材肢解成分散的知识点，对其进行分析式教学，仿佛教透了教材便教会了学生学习，提问的来源仅仅局限于教学文本。课标是国家课程的基本纲领性文件，是教材编写、教学、评估和考试命题的依据，规定了各个学段学生要达成的能力目标。部编教材以双线组元的编排方式凸显了每个单元的语文要素和人文主题，对学生能力和素养发展提出了具体要求。学情是开展有效教学的基点，这些都应该是教师预设问题时需要考虑的因素。此外，对于学校发放的集体教案和教学课件，教师也不能够未加修改就直接套用，因为课件中的所有问题和答案的设计都出自他人之手，不一定都适用于本班学生。

2. 有效实施

世界不是既成事物的集合体，而是过程的集合体。如果将备课阶段视为预设，那么上课阶段则是师生对话交流的生成。在课堂教学中往往会因为学生的回答而牵引出预设时所没有列出的提问与问题，因此需要在精心预设的基础上，根据教学实际灵活调控，从而使教学在预设与生成之间焕发新的活力，有序、有效地落实课堂提问。课中有效实施包含的具体要求如下：

第一，问题精练。问题的精练包括问题表述精练和问题数量精练。在表述问题时，教师应该注意使用清晰简洁的语言，避免造成小学生的认知障碍和理解歧义，让学生能够理解题意，知晓回答的方向。同样的知识内容以不同的表述呈现出来，对于学生的学习效果影响不尽相同。如"这个句子运用了什么修辞手法"只能得到学生"比喻、拟人"等固定的答案，而"这个句子是怎样描写出小猫的可爱的"则会拓宽学生的思路，引导其积极思考和写作模仿。同时考虑到小学生的年龄特点，还可以使用一些可爱化、拟人化的语句。在问题的数量上，虽然对于一节课中提问的数量并没有固定的标准，但如果提问数量过多必然会导致每个问题的解读都只能是浅尝辄止，并不深刻，这一点是毋庸置疑的。因此彭玉华提出"问题要有概括性，数量不超过五个"，给主要问题的数量给出了一个较为明晰的个数要求。郭艳通过对优秀课例进行统计分析也认为一般情况下一节语文阅读教学课中设计的主问题在1~4个较为适宜。

第二，问题类型多样。参照布鲁姆—特内教学提问分类模式，将小学语文课堂提问内容分为记忆性问题、理解性问题、分析性问题、评价性问题四种类型。记忆性问题是对知识进行简单回顾的问题，能够从课文中找到明确的固定的答案，只需要简单背诵即可作答，通常以"什么时候""谁""在哪里"等形式提出，例如"《山居秋暝》这首诗是谁写的？"理解性问题则需要学生稍加思考，要对文章信息进行理解感悟，能够把握含义、解释原因、进行比较等，通常以"用自己的话说""解释""比较"等形式提出，例如"你怎样区分'晴、清、睛'这几个字？"分析性问题则建立在学生对文章有一定理解与把握的基础之上，需要对文章进行更深层次的思考，弄清各个部分之间的关系和前因后果并能对结果进行推论，通常以"为什么""有什么作用"等形式提出，例如"为什么从'未闻孔雀是夫子家禽'可以看出杨氏之子的机智？"评价性问题需要学生对事物做出价值观评判，并说明原因。例如"从《池子和河流》这首诗歌中，你明白了什么道理？你认为池子和河流哪一个更好？"其中，记忆性问题和理解性问题属于低阶问题，分析性问题和评价性问题属于高阶问题，对于学生思维活动的要求更高。因此教师要注意课堂提问类型的多样化，避免单一的、固定的提问。

第三，问题难度恰当。问题的难度应该落在学生的最近发展区内。问题过难，学生无法作答，教师费心讲解，学生仍然难以内化。问题过易，学生不屑作答，师生互动参与不强。因此教师所提的问题不能仅靠翻书就能找到答案，也不是无论怎样都回答不了，而是要大部分学生通过积极思考和认真分析能够作答。教师要合理地安排一节课中难易问题的数量分布，同时还要对不同的问题进行排序，使其按照从易到难的顺序呈现，与学生的认知发展规律相符。当学生因问题过难而不能作答时，教师应转变问题的表述方式，以不同版本的话语表述问题内容，适当降低难度，以满足不同学生的学习需要，让学优生吃得饱，中等生吃得好，后进生也能吃得了。

3. 有效反思

提问反思是指在下课之后，教师针对本堂课的课堂提问情况进行反思，找出不足，分析原因，避免再犯。波斯纳提出，"经验＋反思＝成长"，由此可见反思对于教师专业成长的重要作用。教学反思常有，但是针对课堂提问的反思却不常见，其专业性有待进一步加强。课后有效反思包含的具体要求如下：第一，具有反思意识。意识具有能动作用，教师对待课后提问反思的正确认识是落实反思行动的前提条件。教师首先要重视课后提问反思，才能有主动反思的意识和习惯，从而提升反思效能。教师在课后进行提问反思时还应该明确反思的内容和方式，如问题的数量和难度、学生的参与程度，可以通过录像、学生反应等自评方式进行反思，也可以通过请教专家型教师、分析听课记录等途径进行反思。第二，落实行动转化。部分语文教师同时教授多个班级，从而会在短时间内重复讲授同一节课，因此教师除了重视课后提问反思、明确反思内容外，还要能够真正将反思的结果落实到之后的教学实践中，面对不同的学生群体做出改变。

第二节　小学语文课堂提问存在的问题与原因

一、小学语文有效课堂提问现存的问题

（一）课前预设单薄

1. 问题预设缺失

通过比较备课文本和教学课例可以发现教师在备课阶段设计的问题数量明显少于教师在课堂教学中所提出的问题数量，这在一定程度上说明很多课堂提问其实是没有经过预设而在课堂中临时提出的。这样的提问往往具有盲目性和随意性，缺乏设计性和统整性。教师要先把问题问好，才能期待学生把问题答好，而问好问题的第一步就在于预设。通过对备课文本的分析发现，部分教师缺失了课前对提问的预设环节，在其教案和教材中完全没有提问的展现，没有形成具体的提问语句，而是仅仅列举出教师的引导操作。通过与教师的访谈得知，在备课时，教师往往会预设一至三个主要问题，将更多的关注点放在了提问内容的选择上，而对于提问语句表述的推敲则稍显不足。汉语言文字具有隐喻性、意会性和信息冗余性，这也会导致我们常说的"嘴巴跟不上脑子"，如果碰上"嘴笨"的老师，则容易产生语言输出和心中所想不一致的情况。如果只预设"问什么"，而不预设"怎样问"的话，同样会影响课堂提问的有效性。

2. 答案预设缺失

在预设环节，教师对答案预设的缺失体现在两个方面：一是不预设问题的答案，二是预设的答案过于简单、数量过少。对于记忆类和理解类的提问，学生的回答范围会略小一些，基本可以从教材上翻书找到答案，教师对于这类提问的答案预设可以不用做出特别的标注，但对于分析类和评价类的提问，如果教师同样缺乏答案的预设，就会错过学生精彩的生成，抓不住新知识的生长点，只能以浮夸的表扬来反馈学生，抑或是忽略学生的回答然后迅速将学生的思绪引回本课的教学内容中。如在课例《胡萝卜先生的长胡子》中，教师通过提问"胡萝卜先生还会遇到谁？他们之间又会发生什么样的故事呢？"引导学生感受"反复"的写作手法，预测故事的发展。在小组讨论后期，学生中逐渐出现了"胡萝卜先生遇到了兔子，兔子喜欢吃胡萝卜"的声音，通过课后与教师的询问得知，教师听到

这种讨论声音后，一时不知道如何应答，于是故意不走向有这种讨论声音的小组，然后快速地结束了小组讨论。兔子爱吃胡萝卜也属于学生经验和生活常识中的一部分，但由于教师课前对此问题答案域的缺失，错失了一次引导学生的良机。

3. 提问目的不明确

提问是为教学服务的，一切提问都应该以教学和学生为中心，旨在落实教学目标、帮助学生理解、激发学习兴趣等，然而从访谈调查和课堂观察中能够看出存在提问目的不明确的现象。部分教师会对出神的学生进行惩罚式提问，部分教师会为了提问而提问，也有教师在学生作答后以简单的"嗯、好的"进行回复的情况。这些都在一定程度上表明教师在发问时并不清楚自己为什么要提这个问题、为什么要在这个时间节点进行发问。如果教师在不明确提问的目的时就抛出提问，势必也不了解自己想要得到怎样的回答，这样的提问不是浮于表面就是给学生造成困惑难以回答，让听课教师也觉得十分突兀一脸茫然。提问目的不明还可能造成过多的无效问题，所提的问题与本课教学的关联度不高，教师仿佛为了提问而提问，从而让听多的"问"与"答"冲淡了学生的"读"与"悟"。

4. 问题设计的来源和依据单一

在问题设计的来源和依据方面，教参和教材是重中之重，体现出教师对完成教学任务的重视，而对于课程标准和学情的关注则有待加强。翻阅教案能够发现，部分教师在撰写教案时会略去学情分析的现象，认为自己对班级里的学生都比较了解，没必要对每节课都进行学情分析。学情有整体和个别之分，不同年段的学生具有不同的学习特征，学生个体之间也存在或多或少的学习需要差异。学生是处在发展中的人，这就要求教师不能以静止的眼光来看待他们，应该根据学生的学情做出实时的调整。课程标准作为教学的纲领性文件，对学生经过一段时间的语文学习后应该知道什么和能做什么做出了具体的规划，也应该作为教师设问的重要依据和参考。

（二）课中实施低效

1. 问题数量过多

根据课堂观察的数据来看，小学语文课堂教学中的教师提问数量普遍偏多，提问与提问之间缺乏层次性，出现过多类似的、重复的简单问题。教师往往重视对课文内容进行肢解式的分析，将整篇的阅读材料拆分为单个的知识点，通过提问的方式来验证学生吸收理解的程度。小学生是有一定的理解和分析能力的，将过多琐碎的同类的提问整合成一个学习活动，在整体活动中考察学生对知识的掌握情况会更加全面和深刻。

2. 问题类型单一

从内容分析、课堂观察和教师访谈都可以看出在小学语文课堂教学中，教师提问最多的类型是知识记忆类和理解感悟类的低阶问题，而高阶的分析应用类提问，尤其是综合评价类提问则明显分配不均。教师提问虽然在各种层次和类型中均有涉及，但多样化不足。教师由于追求教学效率、课堂教学时间有限、设问难度大、轻视小学生学习能力和认知发展水平等原因，较少提出评价类的问题。低阶问题考察的是学生的机械记忆等能力，而高阶问题才能够进一步提升学生的思维水平，涵养问题意识，促进语文表达能力，丰富学生的情感体验，在这些方面，教师的做法还有待加强。

3. 问题表述不当

根据课堂观察可知，部分教师提问存在表述模糊、提问范围过大、乏味单调等现象，从教师访谈中也能看出教师的提问表述在常规课和公开课上有所区别。在常规课堂教学中，教师往往更注重提问的效率，表述更直白不花哨，不会过多地考虑是否能够激发学生的学习兴趣；而在公开课堂教学中，教师则会更精心地准备提问，以小学生更喜欢的、更容易接受的方式发问。在两种不同课型的比较中能够看出教师在追求效率和趣味性上没有做到很好的平衡，往往会忽视小学生的年龄特点和有意注意时间短的局限性，在问题的表述上未能将小学生和语文学科的特点同时纳入考虑。

4. 问题难度失衡

根据最近发展区理论和小学生的认知发展规律，教师应该将问题的难度置于学生的最近发展区内，不宜过分拔高给学生的认知和学习造成不必要的障碍，也不宜过分简单使学生的学习停留在原地。然而通过内容分析和课堂观察发现，部分提问在难度把握上存在失衡。如课例《花钟》中，教师接连提问"牵牛花几点开？蔷薇几点开？七点的时候什么花开了？"这类问题重复性强，对于三年级的学生来说挑战不大，教师不用单独进行提问，如果替换成"什么时候开什么花"然后让学生进行板贴的活动能够大大简化提问，同时考察学生的动手协作能力。此外，学生的回答和反应也能从侧面说明教师提问的难度，在调查中发现，学生对于分析类和评价类提问的积极回答比例要大大低于记忆类和理解类提问，这与高阶提问的难度设置、问题之间缺乏梯度性和层次性不无关系。提问的目的在于引导学生积极思考，而不是难倒学生，因此教师应该根据学生的学习状况调整自己的提问难度，实现"跳一跳，摘桃子"。

（三）课后反思浅表

1. 缺乏反思行动

从教师访谈的回答来看，教师们普遍强调了课后及时进行教学反思的重要性，但一般只是笼统地对整个教学效果进行反思，有时不会涉及对提问情况的反思，更没有针对教师课堂提问开展过系统的、专业的反思。在访谈中只有一位教师提及在一次公开课后专门对自己的提问情况进行了反思，但平时没有这个习惯。教师们之所以欠缺对课堂提问的深刻反思，一方面是由于平时没有这个意识，认为只要能够对教学进行反思即可，另一方面则是由于自身疏忽，虽然认识到其重要性，但仍然没有落实到行动中。

2. 反思的内容和形式单一

教师要通过反思来提高课堂提问的有效性、提升课堂的教学效能，就需要明确反思的内容和形式，杜绝无效反思。首先在反思内容上，调查结果显示教师对提问的表述、提问的难度反思得更多，而对于学生回答的反馈和引导、问题情境的设置则较少涉及。其次在反思的方式和手段方面，在常规课堂中往往是自己回想，在公开课中则会采用观看录像、集体讨论等方式，而对于录音笔的使用、教师与学生交谈的方式运用较少，反思的途径较为单一，反思的深度也有待加强。

3. 反思成果难以转化落实

反思之后，教师一般会对课堂提问的难度、提问和引导的方式以及提问的节奏和数量方面做出一些调整，但通过对比分析同一位教师前后两次执教的同一篇课例发现，在实际教学中，教师由于本节课的教学任务安排、教学流程设计以及自身的提问习惯等原因，很难在短时间内做出真正有效的调整，难以将反思的成果落实到下一次课堂教学中。

二、小学课堂提问存在问题的原因

（一）教师缺少对学生主体性的认识

在实际的课堂中，小学语文教师容易忽视学生的主体地位。在课堂观察中发现，在观察的 35 分钟内，教师提问的时间占据了半数以上，教师用大量的问题控制着课堂的主导权，学生俨然成为了教师的"木偶"，学生在教师的一次次提问中渐渐被动，教师掌控着课堂的运行，学生只需要按照教师铺好的路走就可以。素质教育所强调的学生参与不只是师生之间在行动上的呼应，更重要的是他们在思维上的同步和情感上的共鸣。课堂是有生命的，不仅需要形式上的活跃，也需要思维上的活跃。学生主体的参与能够使学生真正地成为学习的主人，使教学富有生机与活力。

学生的主体性强调学生在学习过程中思维的主动性，学生的思考不是教师生拉硬拽产生的，而是在教师的启发下层层递进、逐渐深入的过程。在实际的课堂中，教师要完成预设的目标，必须保证整个课堂思路正确，因此，教师会采用各种形式来保障自身对课堂的主导权，从而导致了学生主体地位下降。学生的主体地位还体现在教学过程中生生之间的合作。生生之间的合作与师生之间的合作相比，更加丰富、更加亲切。通过生生之间的合作，学生在交往中养成自身世界观、价值观、人生观，促进个体社会化。课堂上教师的提问时间占去多数，数量繁多且无意义的提问充斥着课堂，使得生生之间的合作减少，导致学生主体地位下降。综上所述，课堂是由教师与学生组成的，教师在教学的过程中应该尊重学生的主体性。把学生当作学习的主人，将课堂上教师对学生的提问换成学生对教师的提问，教师要利用教学内容巧妙设置疑点，激发学生求知欲，调动学生对知识的思考，教师把握好时机，利用进一步引导促进学生问题意识的培养。此外，课堂上加强生生之间的合作，使学生在学习中实现社会化。

（二）教师对课堂提问重视不足

小学语文教师忽视了课堂提问对于问题意识的培养作用，认为课堂提问就是引导学生跟随教师的思路思考。主要原因在以下两点：

第一，教师对课堂提问作用认识不足。课堂提问在教学中发挥着重要作用。对于教师而言，课堂提问使教师及时掌握学生学习情况，对自身教学进行调整；对于学生而言，课堂提问能够激发学生思考，引发学生对问题的深入探究。

第二，教师课前预设不足。新课程改革赋予了教师备课更多的内涵，充分的备课能够使教师在教学过程中游刃有余。很多教师认为教学是动态生成的，因此在教学中重生成轻预设。在实际课堂中，教师的教学是连续的，给教师的思考时间往往很短暂，在提问中教师如果没有充分地预设很容易造成教学的断层与提问的机械。教师应在课前进行充分的预设，在字与字之间、句与句之间寻找文章的意蕴，认真设计每节课的教学流程与教学重难点，在关键的地方预设问题激发学生思考，不仅预设问题的措辞，更要预设学生的应答，方能在提问中游刃有余。如果教师完全依赖于课堂即兴问题就会很容易离题，过多地关注某一方面而忽略了其他方面。教师在课前准备一些高水平问题，有助于发展学生高水平的思维能力，同时有助于教师言简意赅地阐述所提出的问题。备课不仅是备教材，更要备学生。根据对学生的认知以及对学情的把握，精心预设每一个问题。预设是生成的前提，教师在预设的过程中了解教学内容与学生，才能够在课堂中抓住机会生成。

（三）学校缺少对教师提问技能培训

当问到学校组织的在职培训时，多数教师都表示学校的培训中没有涉及教师课堂提问相关的内容。教师在课堂上提出的问题常常容易被忽视，但是就是这些小小的问题构成了一节课堂。在一定程度上，学校缺少对教师的培训影响到了教师提问技能的提高，最终导致教师不能完成正常授课，主要体现在以下两点：

第一，缺少教材分析能力。教材是教学的起点。新课程主张教师在备课时要充分研读教材，在遵循整体性原则、基础性原则、开放性原则的基础上对教材进行二次开发。教师对教材重难点的把握影响着教师对于问题的设计，当重难点把握准确时教师能够根据教材设置合理且恰当的提问。实际生活中，教师的备课一般采用个人备课，虽然学校也有组织集体备课，但是次数有限，效率也不高。即使利用既有教参或者网络资源进行备课，也缺乏针对性。备课方式单一，影响着提问质量。究期原因过于依赖网络资源，导致对文章把握不深刻，缺乏对教材的自我理解，重难点设置不准确，也影响着小学语文教师的教学与课堂提问。

第二，缺少基本提问技能。除了在备课过程中对教材分析不足之外，小学语文教师自身的提问技能也影响着提问质量。首先是在准备过程中对关键性问题预设随意。虽然多数教师会依据三维目标设置教学目标与教学重难点，然后再根据教学目标设置在实际教学中可能会提出的关键性问题，但教师在问题的设置上优先考虑教学任务能否完成而非问题之间是否具有逻辑性，所以，问题整体不连贯，问题与问题之间逻辑混乱，缺少联系。其次，教答存在不公平现象，小学语文教师一般倾向于提问举手者与全体学生。当提问面向全体时，很多学生会出现懈怠，思考怠慢不积极，导致教师的提问效果不佳；当提问总是面向举手者时，课堂上的未举手者经常被忽视，长久下去影响了未举手者的课堂积极性。再有，候答时间随意。教师缺少对候答时间的了解，常常根据自身经验进行候答，候答时间出现两极化。最后，小学语文教师理答机械化、单一化。小学语文教师作为学生语言的导师，应该在提问中让学生感受到语言的魅力与丰富。总之，小学语文教师在提问的技能上还缺少正规的培训，导致课堂提问发挥不了本应具有的作用，对学生缺少了启发和引导。

（四）教师人文素养有待提高，理答语言单调匮乏

　　语文教育有其独有的文艺性，小学语文教师作为学生初步学习汉语的首位引导者，在教学中应体现语言的丰富性与艺术性。精致而精彩的语文课堂教学语言绝对不仅仅是个语言技巧的问题，没有深厚的学养和对教材的深刻把握，就不可能在课堂上有精到的教学语言。因此，小学语文教师不仅需要教学技能，更加需要长期学习形成的对于语文的独到的理解与深刻把握。作为一个教师必须具有学科专业知识、教育专业知识与通识性知识。本研究的对象为小学语文教师，因此学科专业知识主要指教师相关的基础知识；教育专业知识主要指教师教育学、心理学等知识；通识性知识主要指教师在当代学科与人文方面的知识。具体且丰富的教学语言不仅依靠教师的学科专业知识，还有教师日常积累的通识性知识。学识渊博且情感丰富的教师更能在小学语文的教学中让学生感受到语言的魅力，能够使学生在教师无形的引导下表达出内心真实的观点与看法，引导学生在不知不觉中流露出最真实的情感。尤其在教师的理答阶段，教师丰富且具体的理答可以引导学生从不同的角度思考问题，帮助学生更好地组织答案。但在课堂观察中却发现，教师的理答方式虽然多样，但是理答语言却略显单一，教师倾向于使用习惯性的语言进行理答，如机械地重复学生的答案，或者"好的""好""很好"这样简单的反馈。这样的理答容易让学生产生疲劳，以至于有时会完全忽视掉教师的理答。综上所述，小学语文教师在理答过程中暴露出的理答形式化、机械化问题，说明教师在日常中缺少对于知识的积累与运用。

（五）教师缺少对于课堂提问的课后反思

　　教师反思是以教学问题为基础和前提的，问题意识是教师展开教学反思的逻辑起点，是教师教学反思的内在动力，只有教师发现了教学中的真问题，教学反思才会有针对性、操作性、价值性。教师的课后反思能够帮助教师改善自身教学中存在的问题。第一，教师的课后反思常常忽视对课堂提问的反思。小学语文教师的反思常常集中于对于教学目标的达成程度、教学内容是否完成进行反思，而忽视了课堂上对学生提问效果的反思。第二，教师的课后反思形式化。在访谈中得知，很多小学语文教师的反思并没有发挥本应具有的意义，而是成为了应付考察的工具。学校会组织教师互相听课、评课，但在课堂观察中发现，很多教师在听课的过程中玩手机、随意交谈，在评课中也只是形式性地说出一些笼统的问题，对于教师的教学几乎没有帮助。提问最能直接激发学生思考，培养学生的问题意识。但是在实际教学中却常常被教师所忽视，没有反思就没有提升，重视课堂提

问的反思对于小学语文教师提高教学能力至关重要。

综上所述,小学语文教师缺少对于课堂提问的反思,反映出小学语文教师对于课堂提问的重视程度不足。反思是学习的基础,小学语文教师应该重视日常的反思,尤其是重视对于课堂提问的反思。

第三节 课堂有效提问的原则

一、课堂有效提问的原则

（一）科学性与创造性相结合

科学性的前提是要对学生有足够的认识，首先，教师要从学生的实际出发，充分了解他们的年龄特征和认知水平，即提出符合学生认知发展规律的问题；其次，教师要充分熟悉教材内容，理解教材所要传递的深刻内涵，形成科学的世界观，并以之指导语文教学。创造性是衡量课堂提问是否有效的关键，也是培养学生求异思维与创新素质的关键。教师应以开放性提问为主，予以学生更广阔的思考空间，引导他们从不同的角度思考问题，使学生对问题能产生独到的见解。这样的提问过程应当是具有包容性的，教师应鼓励学生勇敢地表达想法，关注学生在情感、态度、价值观等方面的表现，注重培养学生的逆向思维和发散思维，提出的问题要能达到"一石激起千层浪"的效果。

（二）启发性与鼓励性相结合

苏霍姆林斯基认为，教师如果不是当学生处于情绪高昂和智力振奋的状态就着急传授知识，那么学生就会对这种知识表现出冷漠的态度。好的问题应该是启发式的，课堂上教师应该注重启发学生的思考，而非急于求成地迈向结果。"牵一发而动全身"，启发性的另一个重要方面就是提问能够激发学生的思维，并能使他们产生新的疑问。著名科学家爱因斯坦说："学生提出一个问题，往往比解决一个问题更重要。"学习的本质就在于不断地解决问题，而在这个过程中，教师要鼓励学生主动发现问题、探索知识和发现规律。营造一种民主、平等、宽松、自由的课堂氛围是教师有效提问的前提。德国教育家第斯多惠曾经说过："教育的艺术不在于传授的本领，而在于鼓励、唤醒、鼓舞。"每个人都渴望得到他人的鼓励和认同，于小学第二学段学生而言更是如此。教师一个肯定的眼神、一句鼓励的话语、一个赞扬的动作，往往能给学生带来精神食粮，给予学生莫大的鼓舞。

（三）适时性、适量性与适度性相结合

《论语·先进》中提到"过犹不及"，形容凡事做过了头，就好比做得不够一样，皆不妥当。教师在教学过程中也应控制好"度"，在进行课堂提问时注意

把握提问的适时性、适量性与适度性。先哲孔子说过:"不愤不启,不悱不发。"首先,当学生处于"愤""悱"两种状态下,教师要适时进行提问和点拨;在学生"口欲言而未能"时,教师从多层次、不同角度进行引导,以激发学生的求知欲,调动其主动思考的积极性。其次,教师要避免"满堂灌",减少不必要的提问,将每一个问题问到点子上。另外,教师要把问题提得"准",问题过难或过易,都不利于学生思维的发展,反而容易产生厌烦或压抑的抵抗心理。根据维果茨基的最近发展区理论,教师应将问题难度控制在学生"一跃可得"的水平上,让学生通过自身的努力获得成就感,从而增强学习信心。

二、课堂有效提问的评价标准

(一)有效提问设计

学者德加默曾经说过:"提问好即教得好",课堂有效提问的前提是问题指向明确。首先,教师应当明确提问的目的,立足于学生的身心发展水平,巧妙地将三维目标的培养要求融合在一起。同时,在预设问题时,教师还要考虑问题的难易程度是否与学生现有的知识水平相适应,将问题定位于促进学生高水平思维发展,使全体学生均有所启发。其次,在预设问题时,教师提问的类型应具有开放性和多层次性。开放性问题是相对于封闭性问题而言的,前者是指没有统一、标准的答案,言之有理即可,而后者的答案则相对固定,常常只有一个答案。封闭性问题通常不需要深入思考,在较短时间内就能作答,因此,这类问题于学生而言是不具有启发性和挑战性的。要想培养学生的创造力和想象力,教师在课堂上就要善于设置开放性的提问,充分调动学生参与问答的积极性,让学生通过主动思考、同桌讨论、小组合作等多种途径寻找问题的答案,使学生的各方面能力都得到相应的提升。另外,提问是一种策略、一种手段,更是一门值得教师认真研读与实践的艺术。提问不在多,而在精,要讲求提问质量而非提问数量。如果教师只是为了达成活跃课堂的目的,教学过程充斥着"满堂问",那么学生也将会随心所欲、无效作答。而这种"不假思索"的无效作答,学生根本无法进行深入思考,反而大大降低了课堂教学效率。当然,课堂问答作为师生互动中不可或缺的沟通桥梁,教师要合理把控提问数量,做到张弛有度,收放自如。

(二)有效提问实施

在提问语言方面,教师提问是否措辞简洁明了,逻辑清晰,将在很大程度上影响学生对问题的理解与作答。如若教师的发问语言流畅,将问题的重点传达到位，则学生也容易抓住问题的关键，提高作答效率，在规定时间内给出较高质量的答案。相反地，如果教师提问表述不清晰，逻辑思维混乱，这将导致学生无法理解教师的意图，难以把握问题的指向，从而给出不理想的答案。这样的后果就是教师要重复多遍问题，不仅浪费课堂时间，还会降低学生思考问题的兴致。

此外，如果教师在提问时语言能够幽默风趣，通过语言节奏或音调的变化表达情感，这对于引起学生注意，提高学生课堂问答的参与度有很大的促进作用。在提问方式上，要避免一成不变的形式。教师的提问方式要依据不同的提问目的而变换，将学生的知识差异性考虑在内，合理创设问题情境，通过鼓励式提问、巩固式提问、发散式提问等灵活多样的提问方式促进学生的发展。在提问对象的选择上，学生是课堂学习的主体，每一位学生都应该享有同等的问答机会。因此，教师要顾及全体，合理设置问题的梯度，使所有学生都能深切感受到"课堂与我有关"，而不仅仅只是面向少数学生的舞台。课堂提问是否有效往往与提问时机有着密切的联系，教师要准确把握提问时机，除了循规蹈矩地在新旧知识和重点知识处设问，更要善于在教学的关键处、学生疑惑处、知识衔接处、枯燥无味处、貌似无疑处等重要时机进行提问，引导学生思维层层深入，利用恰当的时机将学生的思维推向最高点，达到提问的最佳效果。在候答时间安排上，教师要根据所提问题的难度灵活调整候答时间。对于一些相对封闭性的问题，学生从书中就能轻易找到答案，抑或是复习先前所学内容，教师可以适当缩短候答时间；对于需要深入思考和进行知识整合的提问，教师在抛出问题后，切勿着急得到学生的回应，应给足学生独立思考的时间，使学生不畏惧难题，得心应手地面对教师的每一个提问。

（三）有效提问理答

教师的理答作为对学生应答结果的反馈，在课堂提问的过程中显得格外重要，然而，它作为课堂提问的最后一个环节，也常常为许多教师所忽略。面对学生的回答，教师不能只是简单地进行诊断性评价，例如"正确"或"错误"，而是要给予恰当的、有助于学生发展的反馈，平等地对待不同学生。当学生回答完整且正确时，教师应及时给予积极正向的反馈；当学生的回答不完整或不准确时，教师要对问题做进一步处理并给予启发，引导学生再次应答；当学生回答不上陷入紧张时，教师应及时给予必要的点拨，以免学生难堪，产生畏难情绪。无论学生的回答出现哪一种情况，教师都应及时给予评价，且以激励性评价为主，适当指出不足为辅，形成师生之间和谐愉快的课堂氛围。此外，教师在理答过程中还要注重学生问题意识的培养，鼓励学生大胆质疑和提问，以饱满热情的状态参与课堂提问活动。

（四）有效提问反思

相较于课堂提问的设计、实施、理答和评价，课堂提问的反思环节对教师来说也同样重要，但在实际教学中，反思环节往往容易被教师抛之脑后。著名科学家海森堡曾经说过这样一句话："提出正确的问题，往往等于解决了问题的一大半。"教师课堂提问是否有效很大程度上影响着课堂教学效率，教师要善于根据课堂实际问答情况反思是否达到提问的预期效果，对于效果好的提问，举一反三，分析并记录相关经验；对于没能达到预期的提问，认真分析并总结原因，在长期反复的实践中不断成长，从经验反思中吸取教益，让自己的提问技能在"实践——反思——调整——再实践"的过程中日臻完美。

第四节　小学语文课堂有效提问的优化策略

一、教师方面

（一）基于理论学习提高问题意识

有效提问本身是一种专业化的提问。实现这种专业化的提问首先需要教师自身具备全面的基础性理论知识。有效提问与有效教学的理论密不可分，按照有效教学在"有效果""有效率""有效用"三个方面的内涵解读，教师在进行课堂提问时也应该时刻审视自己是否做到了这三点。教师在了解有效教学的理论知识后，才能对有效提问的特点、原则和标准有更深刻的认知，才能以此为出发点，进行有效的预设、实施和反思，真正提升小学语文课堂教师提问的有效性。

其次，专业化的提问需要丰富的学科专业知识。如果教师自身的学科背景知识有所欠缺，则容易造成其对语文学科特点的理解不足和把握不当，也就容易出现提问形式与其他学科雷同的情况，从而出现大量"好不好""是不是""对不对"等无效提问。对语文学科人文性的忽视也会导致教师在提问时过多关注知识记忆类的提问而忽视其他开放性的提问，缺乏对学生独特阅读感受的关注以及情感态度价值观方面的引导。教师自身的文学底蕴不够深厚则容易导致提问缺乏个性和品味，文学素养单薄。教师要想提出一个好的问题，自身就需要掌握必要的文学知识、文章学知识与语言学知识，这些都是有效提问对教师自身专业素养所提出的诉求。要给学生一杯水，教师自己就要有一桶水，现在这一桶水还得是活水，因此需要源源不断地进行学习，给自己充电。

再者，专业化的提问对教师的教育学、心理学等教学知识储备也提出了更高的要求。如果教师仅仅知道"教什么"而不知道"怎样教"，将会导致教师在课堂上的提问千篇一律，难以满足学生的个性化学习需要。例如，教师对小学生的学习心理不够了解，提出的问题就很难引起学生的学习兴趣，有时甚至会造成学生理解上的困难和抵触情绪，从而影响教学的有效性。由此可见，教师的教学知识储备将直接影响其语文课堂提问的质量。

专业化的提问对教师在理论知识、学科知识和教学知识方面都提出了更高更细致的要求，"学不可以已"，这也说明教师必须要加强理论学习，提高自身的问题意识，才能从预设时、课堂中、教师自己以及学生身上发现问题，提出真正有价值的、有语文味的问题。

（二）通过课前准备提升提问技能

1. 对文本内容进行全面解读

教师在备课时首先要对文本进行全面解读，具体包括课程标准、教材内容和教参用书等。于永正老师将课标要求当作指导教学的行动指南，当看到课标中有"指导学生正确地理解和运用祖国的语文，丰富语言的积累，培养语感，发展思维"这些话时，就会有意识地提醒自己在课堂教学中落实阅读、背诵和写作的活动和练习；当看到"要培养学生广泛的阅读兴趣，扩大阅读面，增加阅读量，提倡少做题，多读书，读好书，读整本书"时，就会摒弃多做练习题的做法，而是努力在培养学生的阅读兴趣和学习习惯上下功夫。这也是值得我们学习的一种解读课标的方式。在解读教材时，从单篇文本来看，一篇课文包括课文内容本身、课前导语、插图、课后习题等多个板块，需要教师整合起来进行分析，除了找出这节课的重难点，还要对有价值和学习意义的内容做提问设计，充分利用教材的教学价值；从整体来看，教师还需要牢牢把握整个单元的语文要素与人文主题，在语文课堂教学中通过适当的提问将其落实到位。教参是教师备课时的重要参考但不是唯一指标，教参是国家统一编写的，具有普适性却缺乏个性，每个学生都有其个性，因此教师在借鉴教参时应该结合自己班级里学生的特点进行取舍，不可全部套用。通过对课标、教材、教参三种文本全方面的深刻解读，教师自然会更清晰地发现需要对哪些内容进行问题设计。

如果教师片面理解教材上的知识内容，忽视教材编排的体系和意图，把握不住对课标的具体教学要求，就容易将"解读教材"死板地窄化为"教教材"，导致教师的提问往往抓不住重点。陶行知先生指出"教材只是一个例子"，作为教师就要善于解读这个例子，从中生发出无限的有价值的学习资源。

2. 对学情特点进行全面分析

学生是学习的主体，有效提问的核心是为了学生的发展，因此教师的提问也应该以学生为中心，尽量满足学生的学习需要，真正问出学生想知道的内容。教师只有深入了解了学生，才可能选择适合学生实际、便于学生接受，为学生所喜欢的课堂提问内容和方式，因此教师需要在课前对学情特点进行全面地分析。优秀的学情分析应该从学生实际出发，基于已知、未知、想知、需知和可知五个维度来对学生的学习状况进行了解。其中，"已知"指的是学生已经掌握的知识经验和相关能力，是教师开展本课教学的起点参照；"未知"是指学生在本堂课学习前还没有掌握的知识和发展的能力；"想知"是基于学生的学习兴趣和个人需求，想要了解的知识；"需知"是指根据课标要求和教材编排，本堂课中学生需要掌握的内容和需要达成的目标；"可知"是指学生通过本堂课的学习后能够掌握的知识、经验和方法。

其中，教师在备课阶段对文本进行解读可以发现教学目标中对学生"需知"所做出的要求；对于"未知"和"已知"则可以通过与学生交谈、前测、预学单、作业完成的情况来确定。分析学生的"想知"实际上就是分析学生的学习需要，即学生在本堂课中认为想要了解的学习内容，能够满足学生好奇心和求知欲的提问往往更能激发学生的学习兴趣、紧扣学生心弦。学生的"可知"范围则可以通过分析教学目标和学习能力来确定，教学目标是所有教学活动制定的依据和中心，也是学生通过课堂学习和自觉努力能够达到的目标，因此教学目标的表述应该是学生"可知"的最佳表现。教师应该立足于教学目标和学生的生活经验、学习能力来确定学生的"可知"。

3. 锤炼提问语句的表述

教师必须具备良好的口头表达能力，这种能力不仅能够加强教学效果，而且能给学生以熏陶使其在潜移默化地影响中理解语言、提高运用语言的能力。语文学科是教授语言文字知识、提高学生语言能力的实践性学科，口头言语交往是师生、生生之间交流互动的主要形式，教师的课堂提问能够促进学生对知识内容的理解吸收和对问题的积极思考。但小学生由于认知发展所处阶段的局限性，其对于语文学习的理解更加形象化，更依赖于具体事物，他们对结构不良、表述模糊、指向范围不明确的问题分辨能力还不够强，面对这类提问就难以清晰地把握题意从而影响其回答的积极性和正确性。因此教师在预设提问时需要仔细推敲问题的语句表述，不仅要做到语言表达足够精确和简洁，还要符合小学生的认知规律，确保学生能够听进去、听清楚、听明白，准确地接收到教师在问什么的信息。教师要想达到提问的既定目标，首先就要明确自己的提问要收到怎样的效果，然后思考怎样的提问语句和形式才能达到这样的效果，反复检查、修改自己的提问语句，要设身处地地站在小学生的视角看是否能够准确理解教师设问的题意。

在发问时，教师要做到言简意赅、指向明确，要让学生清楚地知道教师在问什么，避免造成理解上的障碍，从而提升不必要的难度。如果说课前的准备是预设，那么课中的实施则是生成，课堂教学不可能完全按照教师的教案来展开，在实际的课堂教学中，学生的回答情况也会成为在教师预设之外的新问题。对于这类临时提出的新问题，教师也要灵活应对，充分利用好学生的候答时间来尽快地组织好教学语言，切不可随意应付。在提问的具体表述方式上，教师可以从以下几个方面进行改进：使用简洁的自然的课堂语言，不可太过口语生活化，也不宜使用专业性过强的学术语言；提问时去除无关词语，仅包括学生作答时所需要的词语以及等待学生处理的信息；保持适中的语速和音量；对小学低段的学生尽量避免一次性问两个以上的问题；对于题目较长的问题，可以采用图片、关键词、语句的方式在课件或板书中予以书面展示，来提醒学生注意。此外，教师还可以采用倒推题目的方式来检验自己的提问语句表述是否清晰准确，是否能从这样的提问中得到想要听到的回答。许多时候，问题是一环扣一环的。因此教师可以在提问主问题之前抛出一个"垫问"，在主问题之后再进行"追问"。对于难度较大的或者学生回答不正确的提问，教师也可以通过不同的表述方式来分解问题，将其分成几个不同难度梯度的提问，根据学生的回答效果决定提问的具体表述形式和提问方法。

（三）开展专业反思落实反思成果

针对教师的课堂提问情况进行专业的、深刻的反思需要具备以下三个特点：反思要及时、反思要全面、反思要多样化。如此才能形成真正有效用的、可行的反思成果，才能在之后的教学实践中加以落实，从而提升小学语文教师课堂提问的有效性。

第一，提问的反思要及时。如果教师在课后或当天对课堂提问的情况进行及时的反思，课堂情境和学生的回答情况在脑海中就会再现得比较完整清晰，教师对所提问题的印象也更深刻，通过对提问情况进行回想会带给教师更深刻的认知，也能从中了解和发现提问的优点和不足之处。反之如果将教学情境搁置一旁，等待有时间有精力时再去反思就会发现其实已经错过了很多细节部分，导致反思只是走个形式草草收场，没有实质意义。教师在进行课后反思时应该有意识地区别提问反思与教学反思，如果将提问反思仅仅视为教学反思的一个部分，将其一笔带过，有时甚至略过这个板块，只是笼统地对整节课的教学效果进行反思，就达不到应有的深度。

第二，反思的内容要全面。首先，教师需要对问题的设置进行反思，具体包括问题的目标指向、问题的内容指向、问题的类型和数量。教师在设置问题时要能够符合学生的身心发展水平，考虑到全体学生的参与度，仔细分析所提的问题是否有助于课堂教学，有助于促进学生的思维发展。提问的核心在于问题的质量，高质量的提问能够起到以一当十的效果，正如钱梦龙老师所言，"问题提得好，好像一颗石子投向平静的水面，能激起学生思维的浪花"。针对提问的质量，教师可以从是否拓宽了思考的维度、是否引起了认知的冲突以及是否围绕教学目标这几个方面来进行检查。

第三，教师要对提问行为进行反思，具体包括发问方式、叫答方式、候答时间和理答方式等。在教学过程中，教师个人风格和教学习惯等因素会导致教师在选择提问方式时的固化，如固定选择部分学生回答问题、未能预留充足的时间以供学生进行思考、理答评价语言单一等。教师的发问方式不仅包括提问的表述也包括设置问题情境，引导学生进行思考从而解答问题。教师出于个人习惯和对学生的了解，往往会有偏向性地点名部分同学进行回答从而忽略其他学生，对此应该反思哪些问题适合向哪些学生叫答，尊重全体学生的回答积极性。在候答方面，教师要反思本节课是否既做到了第一候答时间的等待，又做到了第二候答时间的等待，候答时间长短的不同是否影响了原来的提问效果等。

第四，教师要对课堂提问的效果进行反思，教师不仅要反思学生是否积极的回答问题，更要反思自己的提问是否能够引起学生的追问。从学生个体发展来看，除了反思学生对知识的掌握情况，更应该考虑学生的兴趣是否得到了提升，问题意识是否得到了增强。

第五，反思的途径要多样。除了要重视反思、及时反思、明确反思的内容外，教师还应该采取多种多样的反思方式，如个人反思、教研团队集体反思、向学生寻求反馈、请教专家、通过录像和听课比较等方式来加深反思的深度和实效。倘若教师不与其他同事交流探讨就容易陷入自说自话的禁锢，不能全面客观地审视课堂中的提问情况，单一的反思途径也会导致教师反思的懈怠。教师在反思时要拿放大镜看自己，拿显微镜看别人。除了反思自己在课堂提问中有哪些问题提得不好、哪些问题学生回答得不好、为什么不好之外，也要善于发现自己和他人哪些提得好的问题并给予吸收利用。反思不是为了挑刺，而是要分析问题找出原因从而提出提升和改进的措施。反思也不是终点，作为教师需要在反思的基础上形成切实可行的反思成果，从而在后续的教学实践中加以落实转化，主动地调整和改善教学，在提升课堂提问有效性的同时不断完善自我的课堂提问技能水平。

（四）树立科学的教育观念

2021 年 7 月 24 日，中共中央办公厅、国务院办公厅印发了《关于进一步减轻义务教育阶段学生作业负担和校外培训负担的意见》，简称"双减"。这一政策的提出立足于当前的教育背景，旨在减轻学生的学业负担和校外培训负担，提高学生的学习兴趣，促进其德智体美劳全面发展。作为义务教育主阵地的学校教育功能得到进一步强化，这也意味着如今的教育生态越来越强调学生的综合素质，而不仅仅是学业水平。因此在课堂教学中，教师也需要转变应试教育的理念，在提问方面摒弃以知识为中心的教育观，回归到以学生为中心，以提问促进学生各个方面的能力发展。

根据加德纳的多元智能理论可知，每个人的身上都拥有多种解决实际问题的能力，丰富多样的提问内容则有利于促进学生不同方面的智能发展。因此在实际的课堂教学中，教师应合理分配记忆类、理解类、分析类和评价类的提问数量，丰富提问的内容，给学生锻炼和思考的机会和空间，促进其思维能力的发展。小学语文教学在各个学段的教学重点有所区别，如低段强调拼音、字词、识字与写字的训练，中段开始进行习作练习，高段则对于学生阅读和写作方面的能力提出了更高的要求。对此，教师的课堂提问也要做出相应的调整，在低段时的提问以记忆类问题为主，目的是吸引学生的注意力、巩固加深学习记忆；在中高段时，教师可逐渐增加理解类提问和分析类提问，辅之以综合评价类提问，在帮助学生理解课文内容的同时掌握语文学习的方法，从阅读、写作和口语交际等活动中经历丰富独特的情感体验。此外，教师设计和实施课堂提问的出发点和归宿都应该是学生，一切提问都是为了促进学生的语文学习和素养提升。因此，提问内容的设计、提问效果的评价都应该以学生为中心，而不应过分追求教学效率，一味强调智育发展。

二、学生方面

（一）转变观念积极应答

有意义的课堂是师生双方共同建构的，教师和学生都是课堂的主人。有意义的课堂应该洋溢着自由、探究、对话的精神，而这些都离不开提问，既需要教师的提问，也需要学生的提问。课堂提问本应该是师生之间、生生之间多主体、多方向的交流对话，倘若教师发问之后，学生一片沉寂不敢作答、不愿作答，对话则戛然而止。古人言，"独学而无友，则孤陋而寡闻"。缺少交往和对话很难产生思维的碰撞和创造的火花。余文森教授认为，有些观点是想出来的，有些观点则是"讲出来"的。除了教师要对学生消极应答的现象做反思，学生自己也要正视课堂提问的价值，认识到课堂提问对师生对话、语文学习、思维发展的重要作用，克服自身的恐惧畏难心理，做出积极尝试，敢于表露自己的内心所想，在一问一答的过程中收获不一样的阅读体验。

（二）课前做好预习准备

苏霍姆林斯基在其《给教师的一百条建议》一书中指出，"学生学习落后和成绩不佳的根源之一是对教材的首次学习不够好。"课前预习的目的之一就是让学生用旧知识去解决新课中能够独自解决的问题，要实现这个目的就需要学生经过自学去分析问题和解决问题。从某种程度来说，学生自己预习课文的过程也就是其对教材进行首次学习的过程。如果学生在课前没有做好充分的预习准备，上课时脑袋空空地走进教室，那么学生所接收到的全部信息都来自于教师的讲授，而没有主动进行思考。如果所学的课文内容较难理解，学生则容易提不起兴趣，游离于课堂教学之外，从而消极应对教师的课堂提问。因此，教师应当力求在课堂教学时能看到每个学生在预习过后的脑力劳动成绩，确保学生对教材首次学习的成效。学生在课前预习时，首先要明确预习的要求，如朗读、字词、文意理解等不同方面要落实到何种程度；其次要掌握预习的方法，如查字典、勾画批注、朗读、翻译等，以达到初步了解课文背景和文本内容的目的，从而激起对本篇课文的学习兴趣，发现自己的学习需要，提出本课的学习疑问。学生只有在课前做好了充分的预习准备，在上课时才能积极参与课堂提问，在师生交流的过程中进行思维碰撞，而不是将课堂提问演变为教师对学生知识掌握程度的检验。

三、学校方面

（一）明确班主任工作的职责范围

语文因其人文性的学科特点使得语文教师在担任班主任一职方面总是有着独特的优势，但这也在无形之中增加了语文教师的工作负担，如果语文教师不能很好地在教学工作和管理工作之间把握好平衡，其教育教学效果自然会受到影响。虽然副班主任制度已经在中小学得到了广泛施行，但在其配置方面却存在诸多不合理的现象，如副班主任的教龄远胜于班主任，这会使得班主任碍于情面不便将工作派发给副班主任；副班主任的权责界限模糊，班主任统管全局，大事小事全权负责，副班主任只是替班主任分担一些带学生做操的体力活等。对此，学校层面应该明确班主任工作的职责范围，让语文教师将更多的时间和精力放在教学工作中。具体举措可以从实行多元化的班主任评价标准、减轻班主任的体力负担和精神压力、分解班主任工作中的社会职责、明确任课教师的管理职责等方面展开。还有学者提出了"双班主任制""班主任轮休制"的减负建议，以求切实减轻班主任的非必要负担。

（二）开展课堂提问专项培训活动

目前小学内开展的课堂提问专项培训活动不多，大都将其作为教学中的一个环节稍加带过，缺乏专业性和系统性。课标中对小学各个学段在"提问"方面都做出了具体要求，如低段"对周围事物有好奇心，能就感兴趣的内容提出问题"；中段提到"能对课文中不理解的地方提出疑问""能提出学习和生活中的问题"。部编版小学语文教材也非常重视对学生问题意识的培养，先后通过口语交际、看图写话和阅读策略三个板块来强调发展学生的提问能力。学生发现问题、提出问题的能力慢慢成为教学的重要关注点，而学生的问题意识需要在教师的引导下逐步形成，这就需要教师掌握一定的提问策略以提升课堂提问的有效性。

然而在实际的校本培训活动中对教师课堂提问情况的关注度有所欠缺，即使有所涉及也缺乏实际指导作用，学科特点不明显。对此，学校需要定期组织和开展以课堂提问为主题的校本培训活动，将理论知识和实际学科教学相结合，全面地提升教师课堂提问的有效性。具体的培训形式可以是邀请课程领域的专家举办专题讲座、与小学语文名师进行经验交流、研讨以课堂提问为主题的教学案例、进行集体备课磨课、建立互联网教研平台等。与此同时，学校也要营造良好的培训、学习和研讨环境，打造优良的语文师资队伍和教研团队，确保教师在参加培训后都能有所收获并能将培训所得运用于自己的教学实践，在实践中逐渐完善和提升自己的课堂提问技能和效果。教师会提问，才能在师生问答的过程中激发学生的问题意识，培养学生的提问能力，使得学生想问、敢问、会问。

第四章　小学语文阅读教学高效课堂的构建

第一节　小学语文阅读教学现状

一、小学语文阅读教学意义

（一）丰富学生知识视野

语文课标中指出阅读教学是为了有更为丰富的积累，而积累不是一朝一夕就能完成的。阅读是积累知识的重要途径，教师借助阅读教学，指导学生体会作者的语言艺术，拓宽眼界，获得情感陶冶，能大大增加学生的阅读量，丰富知识储备。

（二）培养学生写作能力

在一堂语文课中，通过阅读教学可以帮助学生掌握词汇，理解句子及表达技巧，指导学生学会造句、学会叙述方法；知悉课文作者是如何观察生活、表现生活的，以此来提高自己的认识。写作要求学生要具备较好的语言表达能力和较高的思维水平，且写作是个漫长的过程，只有在教师指导下反复修改才能完成一篇优秀的作文。写作要以素材积累为基础，就学生而言，只有不断地进行阅读积累，才能增强自己的情感，所以学生要进行大量的阅读，不断提高自己的知识储备；就教师而言，在语文教学中要渗透大量的阅读教学，指导学生获取写作知识，培养并提高学生的写作能力。

（三）增强学生学习效果

目前，教师的压力大部分来自如何提高教学质量，教学质量就是教学的最终目的。学生在学习活动中处于主体地位，学生能否取得良好的学习效果，决定了教师的教学质量。会阅读是学生学习的基础，是学生走进作者、领会文本、体验文本情感的前提条件，教师在开展阅读教学活动时，教会学生通过阅读获取知识，可以增强学生的学习效果。

（四）提高教师教学效率

学生只有在有效的课堂中才能积累更多知识。但实际的教学活动中，教学容量和时间是一对矛盾体，这一矛盾是导致课堂模式化、无效能的直接原因。为了让学生收获更多知识，教师将学生的阅读时间进行压缩，更多的是教师的分析理解逐渐代替了学生的自主分析，长此以往，学生在一堂课中只看不读，只听不答，进而出现厌学的现象。阅读可以让学生真实地感受到课堂氛围，积极融入课堂，因此在语文课堂中开展阅读教学对提高课堂教学效率起着直接作用。

二、小学语文课堂开展高效阅读的教学内容重点

在开展学科教育时，进行课堂设计是一个十分重要的环节。教师一定要为课堂做好充分的准备工作，通过与其他教师的交流，了解学生的学习状态，通过与学生之间的互动，及时了解课堂反馈并对课堂教学进行不断改进。对于个别情况特殊的学生，可以根据学生的个人学习情况进行针对性教学。对于阅读书目的安排，一方面要符合学生的心理特征，吸引学生的注意力，另一方面，还要促进学生的长远发展，适当地提升阅读难度。虽然说"双减"带来的是学生的阅读时间得以延长，但是如何让阅读质量得到提升也是一大难点。传统的阅读书目虽然是学生必要的学习内容，但是有一定的局限性，不利于学生个性成长。因此，一定要注意阅读资源的层级性，通过基础阅读来提升学生的阅读兴趣，然后再根据学生的阅读深度调整更适合的阅读书目，让学生自主探究学习，促进学生长远地发展。另外，教师对阅读课堂可以采用多元化的教学手段，了解学生的个人发展需求，以更加专业的方法指导学生学习。

三、小学语文阅读教学现状

（一）阅读教学观念滞后

在新课改大背景下，语文教师应持续更新教学观念，深层次理解教学理念，以适应现阶段学生的发展。在阅读教学中不应该主次不明，简单叠加多种教学方法，忽略学生对文本内容的思考，这种错误的教学观念只会降低阅读教学的效率。大部分语文教师认为，阅读教学就只是为了让学生掌握课文中的生字、生词，通过学习理解课文主要内容，学会基础的阅读方法，并且希望学生能理解、掌握课文中所运用的手法。由此可见，小学语文教师当前的阅读教学观念还处于滞后阶段，侧重于字词学习等基础知识和阅读技能的掌握，很少关注学生在阅读教学中的理解感悟和情感体验。究其根本原因，这些教师还存在应试教育的思想，对学生的教学还偏于知识的掌握，把会考试看作教学的最终目的。

（二）阅读教学目标不明确

明确的教学目标是教师上好一门课的标准之一，明确的教学目的简单来看就是教师在整个教学中要让学生理解什么内容，掌握何种技能等。新课程标准中所提倡的三维目标，就是教师在制定阅读教学目标时应考虑的三个层次。但是在实

际的阅读教学中，语文教师所设置的教学目标比较含糊，没有明确性，从而达不到预期的教学效果。其主要体现在两个方面：一是目标抽象含糊，没有针对性，学生难以理解抽象的目标，教师也很难从学生的学习情况来判断这堂课的教学是否达到标准。二是目标不符合学生实际，教师没有根据本班学生的具体学习情况来制定教学目标，对学生的要求过高，学生难以达到要求，觉得学习内容太难，吸收不了；对学生要求太低，学生觉得没有挑战性难以激发学习兴趣，久而久之学习积极性便消耗殆尽。这两种情况都是阅读教学目标设置不明确的体现，不利于教师发挥指导作用，阻碍了学生主观能动性的发挥，制约着阅读教学效果的提升。出现上述情况，主要是教师对教学内容的解读不全面，缺乏深层次的理解，把对课文的学习简单看作是完成作业的前提，并且在制定教学目标前没有充分了解学生的实际情况，设置的教学目标没有考虑学习主体。

（三）阅读教学形式不丰富

阅读教学在小学阶段是语文教学的重要组成部分，语文教师应注意将"读"贯穿于整个阅读教学过程中，不只是关注个别学生的阅读，应将阅读落实到班上的每个学生，鼓励学生多读文本，循序渐进，深入理解。让学生在课堂中进行阅读训练，把文本读通、读准，读出作者所传达的感情。为此，语文教师应在阅读教学中合理选择多样化的阅读形式，引起学生的阅读兴趣，指导学生感受文本中生动形象的语言，提高阅读教学效率。教师范读可以纠正学生字音，默读可以考验学生的阅读速度，朗读可以检查学生发音，除此以外，还有男女分开读、角色扮演等多种形式。但实践教学中却存在阅读形式选择单一，不懂创新问题，语文教师选择的无外乎朗读、分组读两种形式，偶尔还会有男女生比赛读，导致学生在阅读教学活动中的积极性不高。

（四）阅读教学方法单一化

教学是教师的"教"与学生的"学"共同组成的一种双边活动，所以教学方法的使用不仅要考虑教师，更应该考虑学生。小学语文教师在开展阅读教学时使用的几乎都是讲授法和谈话法，使学生处于一个被动接受的地位，旷日持久，学生便懒于主动汲取，难以达到教学要求。此外，部分教师设计的问题存在一定缺陷，大多是一些没有价值的问题，如"这样说对吗"这些问题，学生不用思考就能脱口而出，没有实际意义，只能缓和沉闷的课堂氛围。教师设计的问题应有引导性，但实际教学中，教师一来就问学生深入的问题，学生回答不上来只会低头看书，久而久之，学生的参与率降低，阅读教学效果也不理想。

第二节　小学语文阅读教学有效性的影响因素

一、小学语文阅读教学低效的影响因素

（一）低效的阅读学习兴趣

浓厚的阅读兴趣是阅读活动中最积极、最活跃的心理因素，是促使阅读活动深入开展的内驱力，阅读兴趣的养成为学生持续阅读和提高阅读能力提供了保证，学生一旦对阅读有了兴趣，就会产生巨大动力，鼓舞和推动自己主动阅读，进而产生愉悦的情感体验。提高阅读兴趣是语文阅读教学的关键环节，也是提高阅读能力的前提和基础。但是有部分的学生不喜欢上阅读课，对阅读课的兴趣不高。即使学生喜欢上阅读课，也并不是希望通过阅读学习来掌握知识、获得愉悦的情感体验，而是希望通过阅读课来获得好的成绩和他人的称赞。在实际阅读教学中，教师也往往注重激发学生的外部动机，这种外在的阅读学习动机虽然能迅速激发学生的阅读兴趣、满足学生的内心需要，但是其维持时间很短，而且必须依赖于情境刺激，一旦情境消失，学生的阅读兴趣会很快下降，甚至再也不能达到以往的兴趣水平。因此，这种学习兴趣是被动而又低效的，并不能长期满足学生的发展需求。

（二）低效的阅读学习能力

学生的阅读能力即认读、理解、推理和概括能力。阅读能力是顺利完成阅读行为的个性心理特征。阅读教学的中心任务就是培养学生的阅读能力。《义务教育语文课程标准（2011 版）》指出："阅读教学应注重培养学生具有感受、理解、欣赏和评价的能力。"在知识飞速发展的当下，良好的阅读能力有助于我们在第一时间获取有用的信息，有效提高学习效率。但是并不是所有的小学生都能完全理解文本中词句、段落和篇章的意思，能够做到联系上下文和自己的积累去推断词句意思的学生很少，而在读完一篇文章后能够明确文章中心思想的学生就更少了。由于阅读能力低，学生跟不上教师的教学节奏，使得教师无法在既定时间内完成教学计划。且小学生在初读完课文之后，对文本内容缺乏大致感知，不能说出课文主要讲了什么事情，这会阻碍教师教学任务的开展以及学生对随后教学内容的把握。因此这样的阅读能力是低效的。

（三）低效的阅读学习习惯

低效的阅读学习行为是针对学生不良的阅读习惯而言的。学生的阅读习惯是学生在长期的阅读实践活动中经过反复培养而逐渐养成的比较稳定的阅读行为倾向。学生的阅读习惯直接影响其阅读效果，从而对教师预先制定的阅读养成计划造成影响。小学生正处于习惯养成阶段，"有计划性地制定阅读计划，培养阅读能力，激发阅读兴趣，学会学习、善于学习"是《义务教育语文课程标准（2011版）》对于阅读的习惯、范围、数量、积累、兴趣等方面的要求。"小学生的阅读习惯包括多读、精思、勤记、善用"，小学生在教师的要求下会随手圈画批注文本内容，而离开了教师的督促，圈画重点字词、写读书札记的阅读习惯就消失了。教师对学生阅读习惯的培养时间和程度都是有限的，良好阅读习惯的养成关键在于学生自身，不良的阅读习惯会使学生忽视文本中的重要信息、叙述脉络以及叙述重点，这不仅会影响到对文章内容的把握，还会阻碍小学生阅读语感的培养，进而影响到阅读学习的有效性，因此这种阅读习惯是低效的。

二、小学语文阅读教学低效的原因

（一）学生自主阅读学习的意识较弱

虽然绝大部分教师都会告诉学生良好的阅读习惯对语文学习是十分重要的，并且会定时检查学生是否完成相应的阅读任务，但是一旦离开了教师的提醒和指导，部分学生都将阅读时圈点勾画、做读书笔记和按时完成积累任务的要求抛到了脑后，阅读积累的习惯和自主阅读学习的意识都还未完全形成，主要表现在：第一，学生阅读积累行为尚不稳定，不能够长期坚持阅读积累；第二，部分小学生对于课外读物虽然有非常浓厚的兴趣，但却做不到去积极主动的阅读积累，自主性差。出现这些情况的原因可能是：第一，小学生心智发展不够成熟健全，对于教师强调的一些抽象的学习概念，比如"阅读积累习惯"不能理解领悟；其二，小学生自觉性差，忘性大，行为易反复，自主阅读学习意识的形成需要一个漫长的过程，这意味着教师需要付出更多的耐心和爱心；其三，部分小学生已经有了良好的阅读行为习惯，这与教师语文课后布置的作业或组织的学习交流活动有关，正因教师的强制要求和严格督促，学生才会去进行阅读积累。习惯强调的是一种坚持性和规律性，积累强调的是一种积淀和积聚，这要求教师要坚持不懈地进行阅读积累习惯的强化指导，只有这样才能够让学生的阅读积累行为质变为阅读积累习惯。

（二）教师对学生的思维引导不充分

《义务教育语文课程标准（2011版）》指出："阅读是学生的个性化行为，应引导学生钻研文本，在主动积极的思考和情感活动中，加深理解和体验，有所感悟和思考，受到情感熏陶，获得思想启迪，享受审美乐趣。"教师不仅是知识的传授者，更是学生发展的促进者和引导者。许多老师都觉得阅读课堂"死气沉沉"。为什么会"死气沉沉"呢？原因在于教师对学生的思维引导不充分。比如，小学语文阅读教学的一个重要任务是通过阅读感悟去调动学生的阅读兴趣，激发学生的阅读情感，提高学生的阅读学习效果，但在实际教学中，教师只重视阅读内容的指导，不重视学生的阅读感悟，缺乏阅读情感的激发和指导，这样的阅读课堂还能够生动得起来吗？比如学生的阅读习惯，良好的阅读习惯既是有效阅读教学的"因"，也是有效阅读教学的"果"，因此教师要特别重视培养学生的阅读习惯，但在实际教学中，部分教师认为相较于阅读知识，阅读习惯的培养似乎没那么重要，对阅读习惯的重视程度不高，缺少对学生的督促与引导，这就导致学生的阅读习惯差，进而影响阅读学习。

还有的教师在学生回答不出问题时用不恰当的语言刺激学生，严重伤害了学生的自尊心与自我效能感。学生成长发展的程度除了受先天遗传因素影响之外，学校、家庭、社会以及个体的主观能动性都会对学生产生重要影响。没有笨学生，只有笨老师，学生的大部分时间都是在学校度过的，若老师不对学生的学习进行有效的引导，那么学生的兴趣、习惯和能力将难以得到提升。

（三）部分教师现代教学观念淡薄

《义务教育语文课程标准（2011版）》指出："阅读教学是学生、教师、教科书编者、文本之间对话的过程。"现代阅读教学观念的核心是对话，但现行的教育体制和教师评估机制却使得教师忘却了这一核心，而是去急功近利、立竿见影地抓课堂、抓分数，常常是测试代替阅读赏析和领悟，阅读课堂则被废置到一边；教师的"讲"代替学生的阅读，结论代替过程，甚至经典的课文被切割成凌乱的碎块，教师没有时间去关注和辅导学生的阅读，阅读教学变得浮躁而低效。传统的阅读教学中存在教师权威、文本权威和教参权威意识，教师在阅读教学过程中包办替代，始终牢牢把握着阅读的主动权，学生成为了在课堂中被动地接受知识的器皿，即使在课堂中有了独到创新的见解，也只能屈从于教师的"权威"，向教师所希望的预想答案靠拢。教师设计阅读教学目标时，常常自主决定教学内容与方法，局限地从对教材和自身的考虑出发，而没有深入分析学生的内心活动，接受知识、理解知识的能力高低等，使得阅读教学不贴合学生的需要与兴趣。若教师不能及时更新自己的阅读教学观念，不能及时在教学行为上发生积极变化，那么学生的创造性思维将会受阻，进而使阅读教学变得低效。

第三节　小学语文阅读高效教学策略

一、创新课前阅读，组织学生阅读文本

小学语文教师可以通过创新课前阅读活动，组织学生阅读文本来帮助学生逐步提高阅读能力，更好地掌握语文学科知识。首先，教师可以选择富有启发性和趣味性的文本，以吸引学生注意力和兴趣。其次，教师可以根据学生的实际情况和能力水平，分别设计不同的阅读策略，如组织小组讨论、提出问题来激发学生思考等，以增强学生的参与度和主动性。最后，教师可以通过布置阅读任务、组织朗读比赛等方式，激励学生积极地参与到阅读活动中来。通过这些创新的课前阅读活动，小学语文教师可以不断提高学生的阅读兴趣和阅读理解能力，培养学生良好的阅读习惯，提升全体学生的语文素养。比如教师在组织学生阅读《画杨桃》一课的过程中，可以通过创新的课前阅读活动来提高学生的阅读兴趣和阅读理解能力。教师可以利用图片、音频、视频等资源，营造一个生动有趣的阅读氛围，让学生在愉悦的情境中开始阅读。教师也可以运用问题启发式的方式，提出与课文相关的探究问题以带动学生的思考，进一步激发学生对文本的兴趣。通过这些创新的课前阅读活动，小学语文教师不仅能够激发学生的阅读热情和好奇心，还能帮助学生获取更多的知识、积蓄更多的信息，更好地理解和应用所阅读的课文，并且提高全体学生的阅读水平。

二、构建和谐课堂，引发学习兴趣

在语文课堂上，阅读是作者与读者之间的一次跨越时间的对话，通过作者笔下描绘的山河画卷，能有效地使学生们足不出户便能游历名山大川，看看祖国的山河壮阔，对于开阔学生视野，培养学生思维都有莫大帮助。俗话说得好，"书中自有黄金屋"，这话一点都不假，在小学语文教育当中尤为显著，小学生在思想发育阶段被灌输良好的价值理念，对于学生成长方面也是有好处的，对于未来的学习、生活方面也有着潜移默化的影响。其中，构建一个良好和谐的课堂环境尤其重要，让学生有足够舒适的环境去完成阅读任务，培养学生的自主阅读意识，是使学生对阅读产生浓厚兴趣的重要前提。利用课堂的整体环境构建和谐的课堂

氛围，充分发挥环境优势来激发学生的阅读兴趣，使学生阅读能力方面得到有效的熏陶。教师也可以利用板报的抄写、贴纸、绘画和学生熟悉的童话故事、喜欢的图片来勾起学生对于阅读的浓厚兴趣，让学生主动参与其中。

三、小组合作阅读，品鉴阅读内容蕴含的情感

教师进行阅读教学时，要重视通过语言文字丰厚的阅读内容，对学生进行合作能力的培养，使学生能够通过合作阅读，品鉴出阅读内容中蕴含的丰富情感，进而喜欢上阅读，并主动积极参与到阅读中来，在阅读能力得以不断提升的同时，提升其合作学习能力，拥有受益终身的关键能力与优秀学习品格，增进其语文素养。因此，教师可指导学生组建合作阅读小组，通过小组合作完成更具理想效果的阅读，不断提升阅读综合能力。

四、借助多媒体，开展情境教学

小学语文阅读教学是对学生语文素养培养的重要内容，学生通过阅读能够积累语文知识，更加深层次地感受语言的魅力，同时也能够夯实学生的语文基础能力，在小学生的阅读能力提升方面有着十分重要的作用，从小学一年级开始，阅读教学就已经穿插在学生的学习中了，尤其是小学语文教学中，生字词以及拼音练习都是为学生能够更加熟练地阅读文章奠定基础的，因此，小学语文教师在教学过程中应当重视阅读教学。良好的情境对于学生的阅读有着十分重要的作用，在阅读一些情感比较低沉的文章时，学生就需要在一个严肃、低沉的情境中去更好地感受文章所表达的情感，比如《圆明园的毁灭》这篇文章，教师可以通过多媒体播放一些低沉的轻音乐，让学生在阅读的过程中能够更好地感受那段令我们屈辱的历史，也能够让学生完全地沉浸在阅读之中，提高阅读教学的效果。除此之外，教师还可以根据文章内容以及情感的不同，通过播放PPT和视频等方式让学生在阅读时能够有更加饱满的感情投入进去，促进学生阅读效果的提升和阅读能力的提高。

五、重视阅读技巧讲解，培养学生阅读思维

小学阶段的学生由于缺乏充足的阅读知识储备，在阅读不同文章时无法有效快速地找出文章的主题，并对不同文章体裁缺乏充足的认知。这时教师需要重视提高学生阅读技巧，培养学生认识多种不同的文章题材，引导学生针对不同的题

材选择科学高效的阅读技巧。例如教师在教授学生阅读记叙文时，需要引导学生快速找出文章中的六要素，如时间、地点、人物等，从而帮助学生快速捋清故事的整体结构脉络。

因此教师通过教授学生科学高效的阅读技巧，帮助学生积累大量丰富的整本书阅读经验，有效培养学生的整体阅读思维。例如，当教师在讲解《景阳冈》的教学内容时，本节课的教学目标就是引导学生通过抓住文章中的重点词句，能够深刻把握武松的性格特点。同时引导学生了解作者是如何利用形象描写塑造武松的英雄形象的。同时教师需要教授学生高效的经典名著阅读技巧，让学生通过抓住文中的语气表情和动作，详细了解武松打虎的完整过程。不仅有效促进学生整本书阅读技巧的提升，还可以有效培养学生的深度阅读思维。

六、激励并表扬学生，促进学生体验阅读乐趣

在语文教学过程中，阅读的兴趣会引导学生开展阅读行为。为了让学生形成良好的阅读习惯，体会到阅读的成就感，教师在教学实践中要注重随机应变，善于综合运用文学常识，使课堂教学充满情趣，充满色彩。根据课文内容所挖掘的文学知识背景，有助于学生看到教师的卓越出众的才华，进而想要主动阅读，成为像教师一样的人，这让学生的表现欲望得以增强。为此，教师在课堂教学中要不断鼓励、激励学生，使学生在阅读中体会到成功的喜悦，并获得良好的阅读体验。这可以让学生保持持久的阅读兴趣，无论是课内还是课外阅读，都可以提高学生主动阅读的意识。

七、开展课后拓展，巩固教学效果

随着新课程标准的出台，阅读教学的目标也发生了重大改变。除了要求学生掌握正确的语言表达技巧和提高听、说、读、写的基础技能外，还要培养他们的思维能力、阅读技巧和人格修养。因此，要想更好地执行新课程的要求，就必须充分利用课后的阅读时间，这样既可以帮助老师巩固课堂的教学成果，又可以扩展学生的阅读视野，提高他们的知识水平。因此，在实践过程中，老师应根据课堂上的阅读材料，积极指导学生课后阅读，以拓宽他们的视野，提高他们的知识水平。例如，在教授《只有一个地球》这篇科学知识说明文时，课文的主题是地球。在解读"地球是人类的母亲，生命的摇篮"这句话时，教师可以引导学生联系自己的日常生活，思考"为了地球的健康，我们应当做些什么"，并通过相互

交流和探究，激发出新的思维火花，加深对文章的理解。此外，教师还可以鼓励学生查阅"保护地球"相关的文章材料，并记录下阅读笔记，以便更好地理解课文内容。通过与同学和老师的交流，同学们可以提升阅读理解能力。

第四节　信息技术在小学语文阅读教学中的应用

一、小学语文阅读教学中应用信息技术的主要目的

（一）创新教学模式

早期的信息技术，其主要功能是透过多媒体技术来呈现事件、再现事件、放大事件、放慢事件、全方位多形式展示事件等。在我国传统教学模式推动下的现代信息化教学中，信息技术已成为一门教学利器，能够协助教师们更好地"教"。现代信息技术与传统语文教学方法的结合，已经使得现代信息技术不仅仅是辅助教与学的技术手段，而更为重要的是，能够运用计算机技术创造出一种崭新的阅读教学环境和教学模式。它还能够实现情景设计、启发学生思想、资料搜集、多重互动、独立讨论与过程评估等阅读教学所需要的方式和方法。这种教学方法以"主动、探究、合作"为特点，既能发挥语文老师的主导性，又能充分体现学生的主体性。在学校的语文阅读教学中，利用信息化教学可以将学生们的创造能力和实践能力的训练落到实处，同时，也使原来由教师主导的班级格局发生了重大变化。所以，我们一定要努力完成由"学习使用技术"过渡到"善用技术教学"。

（二）改善阅读评价

2019 年颁布的《关于实施全国中小学教师信息技术应用能力提升工程 2.0 的意见》中强调："将定量评价与定性评价相结合，注重全面客观地收集信息，根据数据和事实进行分析判断，改变过去主要依靠经验和观察进行评价的做法。"该观点表明，教育教学素质评估将不再简单地依据孩子学业成绩，通过"一张纸"来评估孩子的读书能力水平，而是要将学生阅读能力阶段性发展的全部数据信息加以搜集、整合及研究，得出结论，并对教学中教师阅读素养和学生学习效果作出完整而正确的评估。目前，一般的评价方式是采用测试、问卷调查、作业档案袋等多种形式来收集评价信息。不过，这一类信息大多只是获得关于学生们的复习结果的静态数据，而关于学生们在学习和复习过程中实际产生的动态数据，如复习活动、学习过程等方面的结果却不能实现高效的数据获取。现代信息技术与阅读教学深入地结合以后，教师和学生们就能够利用现代信息技术记录与获取发生在校园内外的阅读信息资料，并纳入学生的教学评价体系之中，对他们进行了

高度精确的教学分析和评价，从而实现了由注重学生个别知识发展的总结性评价向全面素养的发展性评价、单纯闭塞向多元化开放性转变的重大趋势。同时，通过教师的转型，教师在进行阅读教学时也要对学生的阅读情况和效果实行即时监测，使之与学校的考核内容密切联系，以适应新的学生考核体系，达到个性化、差异化的管理要求。

（三）便于学生进行个性化、探究性的学习

个性化、探究性学习，是语文规范所强调的教学方式与手段，在常规的语文课堂中难以实现，但信息技术的出现，为学习者进行多样化的教学手段和进行探究性学习，创造了条件与机会。中国古代的著名教育家荀子曾认为："不闻不若闻之，闻之不若见之。"由此可知，闻、见是教育的根本。

而互联网的教学能使抽象变得具体，将无法了解的东西用具体手段表现出来，从而激发学习者的感觉能力，使学习者广泛地了解更多的知识，提升教育效果。比如《中国石拱桥》的教学，就是让学生在课堂上通过不同的途径了解石拱桥的情况，学生们开始上网、下载，甚至在图书馆里寻找石拱桥的信息，如中国石拱桥的历史、特点、传说、照片，中国石拱桥的主要品种，最有名的中国石拱桥有哪些等，接着引导学生们将搜集的资料、信息、照片等加以分析、整合后，再结合课文内容，对中国石拱桥的特征结构就很容易把握了。使学生的读书有了更大的主动性与自由度，既体现了学生的自主性，也体现了教师因材施教的思路，从而大大提高了学生学习的质量。学生可以针对自身的知识水平、复习速度以及学习中的困惑，借助互联网，从汇聚了丰富知识资料的教育信息库中检索、掌握、了解语文教育方面的相关内容，可以与网友交换学习心得，还能直接向专家学者求助，并获取由专家或学者所提出的学习建议。这样一来，学生可以充分地根据自身的兴趣爱好和愿望来学习，其主体性、主动性就得以极大地体现，人性化教学方式也在一定程度上得以实现。

（四）提升信息素养

信息素养是一种内涵丰富的概念，它实质上是世界信息化所要求人类必须拥有的一项基础能力。信息素养这一观念是美国国家信息产业联盟的名誉主席保罗·泽考斯基在纽约明确提出的。简单的概念源于美国国家图书联盟会议，它可以分为文化素质、信息意识和计算机技术三个层次。人们可以确定在任何时刻都需要获取信息，以及知道怎样去收集，怎样去评估并合理利用所需要的资料。而信息技术素养则不但包含利用信息技术工具和获取信息资料的技能，还包含了获

取确定内容、制作、管理、传播资料和提供信息服务的技能。教师的信息技术素质是指教师按照当前社会信息技术环境和信息技术发展趋势的需要，在进行教学与自身培养的过程中产生的对信息技术活动积极的态度，包括应用信息技术工具与数据方法去解决的能力。它既应当包含教师对信息技术知识的掌握，对信息技术工具与运用方式的了解及其在未来的教育中所形成的对信息技术知识的掌握水平，还应当包含教师对信息技术与道德伦理规律的认识和遵循。

在信息时代，社会也是一种强大的信息传输系统，我们具备一定的信息化素养，那么将来就能够进入一个数字化时代的世界了。提高信息技术素养的渠道虽然有不少，但都需要相应的信息载体。将信息技术和日常的阅读教学深度地融合，不仅可以增强学生阅读学习的有效性，同时也可以推动学生信息技术素质的养成，使学生学会按照自身学习的实际需求，主动地利用网络资源和信息化技术手段获得有价值的知识，并对之进行研究和拓展式阅读。一旦学习者的信息知识与学习技能都获得了充分的训练，学生们就能更自如地使用信息工具收集、分类，从而批判性地管理与使用知识信息，成为可以实现主动与创造性学习的终身学习者。

二、小学语文阅读教学中应用信息技术的主要表现

（一）优化阅读教学方式

华南师范大学教育技术研究所教授、博士生导师李克东教授指出："信息技术与课程整合是指在课程教学过程中，把信息技术、信息资源、人力资源和课程内容有机结合，旨在共同完成课程教学任务的一种新型的教学方式。"把信息技术融入到阅读教学之中有效地促进了阅读教学方式的变革和优化。

1. 优化课堂阅读教学方式

一堂完整的语文阅读课堂教学过程，包括了教师指导、文本解读、课后考察三部分，现代信息化条件下的语文阅读教学中引入了现代信息化的教学方法，突出了由学习对象自身形成的探究意识与行为养成等活动，突出了对文字的多元认知，并采用了多媒体课件、交互式电子白板等现代信息化的教学新媒介手段，导入了学生讨论、交流、参与的现代网络信息化教学模式，进而完善了语文阅读教学的方式。信息技术对语文阅读教学方式的优化，主要表现在以下三个方面：

（1）课堂导入方式的优化

课堂导入，是指教师通过简单明朗的文字等辅助活动揭开一堂课的帷幕，并随之走向课堂中心的活动方式。好的课堂导入可以让学生思绪一下子凝聚过来，

给学生思维以启发，从而达到提升学生学习专注力的效果。如果教师在进行课堂导入的初始阶段就能掌控住学生的心态，引导学生的思绪和注意力跟着教师的节奏走，从而凝聚了学生的注意力，提升了学习激情与积极性，让学生处在主动的学习环境当中，学生也就掌握了课堂中的知识点。而利用好多媒体等信息化技术，来进行教学的导入，通过新颖别致、贴合现实的引导方法可以引起学生注意力，从而充分调动学生的阅读积极性，给整堂课开个好头。

如教师正在讲解《花钟》这一课程时，在导入过程中，除了可以通过提问来与学生们互动，还可以搭配着多媒体，用媒体出示各种鲜花的图片或视频，配上轻音乐，允许学生观看的时候可以小声议论。这样子使学生仿佛身临其境，就好像身处一大片花园之中，可以更好地带动学生进入《花钟》这篇课文中。在多媒体播放完毕后，老师可以让学生用一个词或者一句话来描绘刚才看到的景象，这时学生可以自由谈感想，感受花之美的同时也能加深学生们的印象。学生们会用各种形容词来形容刚才所看到的景象，比如鲜花朵朵、争奇斗艳、姹紫嫣红、万紫千红等等，这时教师遇到学生回答出与自己课件所准备的一样的形容词时，可以用多媒体出示，加深学生们对这些关键词的印象，同时也让学生更加地了解待会儿所要学习的课文。在课前利用信息技术向学生展示不同种类的花并与学生积极互动，从而激起学生的兴趣，让学生对课文中所提到的各种各样的花有着更直观的印象，从而调动激发学生的学习热情。

（2）文本研读方式的优化

文本研读是课堂中语文阅读教学的主体，也是学生掌握学习内容的关键。充分运用现代信息技术，把传统的阅读教学方法转化为一种探究性的教学方法，使学生的阅读行为变成一种独立、互动、探索的行为，进而达到对语言文本学习的优化。充分发挥信息技术学习知识的功能，以问题为教学出发点，引导孩子通过自主、活动、探究的方式对课文进行多元认知，训练他们的学习探索意识并提升整体的学习素质。在解读《少年闰土》一课时，可以采取问题驱动的教学模式，教师根据文本提出探究问题，学生从信息技术阅读教学资源库中寻找问题答案。在最开始的品读感悟阶段之前，可向学生提出"请同学们在课文中找一找，闰土给我讲了哪几件事？并圈画出相关的语段，重点朗读"的问题，在学生们对课文整体感知之后，结合学生的回答，用多媒体出示相关的图片或者视频片段，以及用出示课件中能描写出闰土聪明能干的字词句，这样可以让同学们比较直观地感受主人公闰土的人物形象。最后可以通过小组合作的方式，研讨其他事件，学生之间彼此沟通探讨，扬长避短，共同进步，以多元理解方式阅读原文。

（3）课后考察方式的优化

信息技术也有助于优化教师对学生阅读学习能力的课后考核方式，小学阶段语文阅读不应当仅仅局限在简单的字词理解和掌握上，同时也应当以锻炼学生的思维能力和读写技能为主旨，从而在写作设计方面强调问题的思考与技能的培养。信息化环境下的写作内容和形式都比较多样，而完成考核的方法也多种多样，不仅仅是口头和文字的，还可以是通过网络和空间的。例如在《少年闰土》课后写作时，可要求他们采取小组的方式，完成以下目标：一是模仿第一自然段的写作方法，描写一下令你印象最深刻的一张照片；二是通过对全文的阅读和理解，用自己的话说说，你觉得闰土是个怎样的少年。完成的具体内容制定成册，当作本班教学的存档参考资料。

2.优化课下阅读方式

现代信息技术在学校中的科学利用，体现了"以学生发展为本"的教育思想，就是将信息技术所具备的功能用来课下阅读。课下阅读中很关键一个是要"读"，它有着不可或缺的意义，俗语说："读书百遍，其义自见""读书破万卷，下笔如有神"，这是了解知识的主要依据，课内读，上课时读，学生在教师和父母的严格规定下固然可以"认真读"，但是从实际来看，很大部分学生的"读"是消极的，尤其是上课时的"读"，常常是走马观花。但是，课下阅读对于培养他们的文字表达意识，对于培养他们的作文能力，却有着不可忽视的意义。怎样才能让学生乐读，认认真真地看书，高效大容量地阅览呢？借助信息技术，学视频，配图片，读声音，这是一个十分高效的方法。借助多媒体教学软件的书籍可以开发他们的想象力、思考力和创造力。

互联网读书是当前最流行的课外阅读形式，基于互联网条件下的课外阅读，形成一个超越空间局限的读书模式。中小学生也可以通过平板笔记本电脑、手机等移动学习设备，或者利用微博等网络新载体的方式，开展课外读书体验。通过各种渠道、形式的网上课外阅读可以让学生随时随地掌握新的社会情况，基本解决了纸质图书无法携带，且价格昂贵的问题，中小学生利用各种资源，随时随地地开展课外读书，也可以适应快节奏的生活，从而提高读书量，提升学生课外阅读的质量。

（二）丰富阅读教学内容

1.丰富课堂阅读教学内容

在现代的教育教学大环境下，传统课堂教学中"教参＋教材＝教案""教案

=教学内容"等模式的课堂教学，早已无法适应信息化条件下学生的学习需求，更无法适应信息化条件下阅读教学的新模式与特点。现代化环境下，教师如何利用信息化的查询手段，在各种阅读教学共享网站上收集大量的阅读教学信息，并通过现代的信息技术整合手段对之加以整合归纳，打破阅读教学空间局限，丰富课堂阅读教学的内容呢？演示文稿是教师常用的资源整合工具，运用演示文稿将获取的阅读教学资料制作为多媒体教学软件，可以丰富教学的内容。信息化条件下，常用的课堂阅读教学内容中文字和视频信息所占比重较大，语言的解释效果可以引导学习者认知，画面的直观性及视觉效果也有利于学习者直观感受，而图片与声音信息尽管所占的比重较小，但却又是不可或缺的重要内容，在相应的讲解中可以穿插大量声音及图片等信息，有利于学生更直接地体验阅读教学内容，而视频信息则可以帮助增强教学内容的趣味性，使教育内容更加生动、具体。构建"开放而有活力的语文课程"是新课标的基本理念，现代信息技术环境下课堂阅读教学可以打破传统课堂中时空的限制，使教师的"教"和学生的"学"都达到了应有的广度和深度，促进了教学相长。

2. 丰富课外阅读内容

课外阅读是学校阅读教学中的重要部分，对于教师的"教"和学生的"学"都有着很大的影响力。信息化科技给人们带来了丰富、庞大的素材库，各种资讯的检索更加方便、简单，网络信息量很大，而且变化很快，能够给学校带来大量的课外读书素材。教师应该运用教育信息化的技术手段，引导学生在开展课外读书活动过程中做好对学生阅读知识的指导，引导学生合理地选取阅读材料，并教给学生正确的图书检索方法，让他们能够正确、准确地检索到需要阅读的内容。同时教师亦可为他们整理图书目录，让他们能够依据兴趣爱好选择性阅读图书，并主动开展课外读书，以提高阅读的实效性。

教师在运用信息技术引领孩子进行课外读物的学习过程中，还需要根据孩子的具体知识能力，从本学段学习需要、学校发展需求的视角入手，为孩子搜集、介绍课外读物素材，以有效提高孩子的综合语文阅读能力，并增强孩子的文化素养。如在课堂中学到了《装满昆虫的衣袋》后，教师可运用信息技术搜集与《昆虫记》有关的阅读材料，引领学生完成课外阅读；在《司马迁发愤写〈史记〉》一文教学后，教师可指示学生利用互联网搜集《史记》中的词汇诗词，或举办"词汇交换会"，让他们透过共享学到的词汇诗词，调动学生的读书兴趣，进而促使学生主动学习，并在共享学习的进程中，提高自己的阅读能力。因此，教师加强对学生读书活动的指引，让学生从大量的网络资料中找到适当的读书材料，运用一定的教育活动激励学生的参与热情，可以促进学生创新能力的提高。

3. 形成小组合作学习的阅读教学模式

信息技术与小学语文阅读教学融合而形成的新型阅读教学模式，以现代信息技术为学习者创造了一种平等、和谐、民主的阅读教育教学环境，以达到在阅读教学中教师与学生、学生与课本、学生与课本编写者，以及课堂教学与信息技术之间的互动与碰撞。现在的小学生已经形成基本的自主阅读能力，在读书的过程中就显示出强烈的自主选择性，采取信息化环境下小组合作型阅读教学模式，可以提高学生读书学习的成就感。

信息化条件下小组协作的阅读教学模式，着重注意学生在这过程中的两方面问题：一是利用信息化技术手段开展阅读教学，发挥信息化技术手段在阅读教学上的优势，丰富学生读书学习资料，并搭建开放式、自由的读书学习平台；二是采用小组合作的方式进行读书教学，重视学生在阅读活动中的主体作用，增强他们独立思考的读书学习意识。与新课标的阅读教学思想相合，并在阅读评价模块、阅读教学要求上提出了两点："一是学生要通过各种媒介获取和处理资料；二是强调互动阅读，养成互相切磋的习惯。"这也正是信息技术环境下小组协作式阅读教学模式设计和实施的目的。基于上述思考，信息化环境下小组合作式阅读教学模式将具备双重的优势与特点，即既能够实现信息化环境对小学语文阅读教学的推动与支持效果，也能够达到通过小组合作教学方式在交互中培养学习者的协同学习能力、集体敬业精神，从而进一步提高学生阅读的能力与效率。

三、小学语文阅读教学中应用信息技术存在的问题及原因

（一）存在的问题

1. 信息技术在小学语文阅读教学中的应用范围存在局限性

根据常理来说，在学校的语文阅读教学中运用信息技术可以更快地抓住学生的注意力，从而调动学生的读书兴趣，这样学生对于知识点的接受和理解会更加的快速。但是对一线小学语文教师的访谈中发现，部分教师表示并不是所有的内容都适合应用信息技术，有些教学内容运用传统的教学方法反而效果更好。比如说古诗词的教学中，光是朗读古诗词的部分，由教师亲自带领学生朗读古诗，学生能更快地掌握朗读该首古诗所需要的情感态度以及需要停顿的部分，或者说由班级中的同学代表来示范朗读，学生跟读或者踊跃举手进行朗读，学习效果都比

用音频示范朗读要更好。这些教师表示，可能是因为利用信息技术示范朗读，感情不够充分以及没有相关的画面让学生觉得枯燥无趣，教师亲身示范或者学生带领朗读来得更加有效。

同时，古诗的学习还需要让同学理解关键词句的意思，这些重点的内容需要教师一个一个重点细致地去讲解以及让学生组成学习小组去探讨，等到教师讲解完成、学生讨论结束后，对诗句内容有了一定理解的时候，教师再利用信息技术设备呈现相关的图片或者音频，让同学对刚才学习理解的内容有一个画面，从而巩固自己对于这个知识点的掌握。同时通过与教师面对面进行的开放性访谈，也有部分教师表示，信息技术在阅读教学课堂中的应用范围存在局限性，"信息技术的应用范围太小了，我们学校在阅读教学方面，只有群文阅读教学过程中会运用到信息技术，而且局限于课堂的讨论和反馈环节"，这是一位教师的原话，据了解，该教师所在学校信息技术设备完善，而且学校会定期组织教师参加提高信息技术能力的培训，以提高教师应用信息技术的水平，在这样非常重视应用信息技术的学校中教师也表示信息技术在实际的语文阅读教学中的应用范围很有限，只在群文阅读教学中应用，而且还局限在课堂的讨论和反馈环节，这是非常让人意外的。

在现代的互联网数字化信息社会时代，生活的方方面面都离不开信息化，本以为在学校的教学中信息技术的应用一定更广泛和普遍，结果按照实际的调查情况来看，很多教师都反映，信息技术在小学语文阅读教学中的应用存在局限性，不能够进行很好的应用。

2. 信息技术在小学语文阅读教学中的应用未得到足够重视

教育思想落伍，不注意计算机技术的应用。对于很多的小学语文教师而言，在我们的课堂教学实践中都面临着教育理念逐渐落伍的情况，不少教师在讲授语言基础知识时侧重于给学生"填鸭式"的语言教育，以一张嘴或者一根粉笔作为给学生传授语言基础知识的主要手段，在许多情形下老师根本就不能帮助学生去思考和感受，学生主要是死记硬背语文教师所传授的语言知识点和理论，同时也缺乏自己发挥想象力和创造性的时间，这样的语文课堂方式导致了学生们越来越感到畏惧，教师们也感觉课堂越来越吃劲，这样的教学方式大大地限制了他们的思维水平和创造力，更谈不上去发展他们的兴趣和爱好。

教师只有注意信息技术手段在小学语文阅读教学中的运用，才能创设轻松愉快的课堂环境，充分发挥多媒体教学的效果。良好课堂环境的烘托，是老师高效进行课堂操作的根本。俗话说"亲其师而信其道"，老师关心学生、重视学生、了解学生，就必然要提高自身在孩子心目中的位置，在当今社会中，随着科技突飞猛进的发展，以互联网技术为代表的数字化社会也早已来临，孩子们也大多从小接触计算机和互联网，而他们掌握的内容广度和深度，更是在某个阶段超越了教师，老师能够搜索到的东西他们也能够检索到。所以，老师在上课时应充分利用网络技术和教学方式，采用生动活泼的文章、图画、音频、录像和动画片等多种形式，来提高对教材重难点内容的掌握与识记，进而深化印象。

例如：在教学人教版小学语文课巴金先生的作品《鸟的天堂》这一课时，小学语文教师们可依据课堂教学的实际需求，预先让同学们搜集有关《鸟的天堂》的照片和文字资料，在开始教学之前，可以互相交换自己所搜集到的这些照片和文字资料，然后与同学们在一起共同朗读课文，享受《鸟的天堂》的美好。在教学"众鸟纷飞"这些教学内容时，学生可适当观看自己在备课时提供的群鸟活跃时的音频资料，这样一下子就让同学们所阅读的文字语言都活跃起来了，众鸟纷飞的热闹场景也自然而然铭刻在了学生头脑里。

3. 教师信息化阅读教学能力参差不齐

随着新课改的推进，现代信息技术也普遍运用在了语文阅读教学中，而调研问卷的数据表明，小学语文阅读教学中，计算机技术的应用一般是指 PPT 课件和互动电子白板，里面包含图片、声音和视频的使用。但是也有很多教师指出在阅读教学中应用信息技术没有掌握深度应用的技巧和方法以及不熟悉现有的设备，同时在课堂观察中发现，教师上课时所用的 PPT 课件大多都来自于互联网查找或者是别的教师分享，很多教师用的是同一份 PPT 课件，通过与部分教师的谈话可知，有的教师指出没有时间去制作上课所需的多媒体课件，有的教师说自己不熟悉信息技术设备，不会制作教学所需的多媒体课件，这些都说明了教师对信息技术缺乏足够的了解，影响信息技术在阅读教学中的应用。

与此同时，根据了解还发现关于信息技术设备应用的能力，教师还有进步的空间。在平时的课堂观察中可以看到，在日常课堂或教学活动中，老师在一般情况下仅能对多媒体等教学设备工具所发生的简单问题作出适当解决，其中简单问题主要包括调整电子投屏设备上的灯光亮暗、调整色彩的高饱和度、对比度、移动电子显示面板的距离等。一旦设备工具发生棘手的情况不能解决时，一些老师便会联系专业人士帮忙解决，另一部分老师则因为比较重视课堂教学的持续性而改用常规课堂教学方式，以确保教学进程不被中断。而通过老师对具体情况的解决方案也可见，老师往往因为对现代的科学技术设备认识不够深，只能解决传统信息化教学难题的不足，和一些比较简单的信息技术教学困难。我们在调查的结果中发现，语文老师可使用的信息技术方式大部分都是 PowerPoint 软件或者交互式电子白板，老师们利用的多媒体教学方式相对简单，这无疑会导致信息技术教育资源的浪费。

（二）原因分析

1. 教师对应用信息技术的理解不够透彻

由于计算机技术和通信技术的蓬勃发展，人类社会已经步入了史无前例的信息化时代，也就为高等教育带来了一次全新的革命，在这个趋势下，义务教育的发展目标、架构、教学内容、研究手段和评估方法，以及学生的学习方法等都将出现巨大变化，而义务教育的品质与效率也必将提高。针对信息技术教育这种新兴的教学工具，习惯于传统教学方式的教师的教学观点仍很难转变，利用信息化的手段进行教学时，往往更加侧重于培养学生的实践技能，随着孩子在课堂中所表现的主观性地位日益明显，教师所承担的职责也日益滑向"指导"角色。实际生活中，教师职责的式微也不是学生家长可以代替的。事实上，如果学生家长实际操作能力不足，最终达不成学校信息化素质教育的目标是肯定的。

目前，全国中小学教育信息化工作主要局限于多媒体辅助教育、网络资源的开发利用等领域，但由于对中国教育信息化的发展、战略意义以及国家教育信息化的有关政策措施等尚不熟悉，也不能了解教育信息化的实际内涵。所以，虽然学校主管部门近年来加大力度开展数字化基础设施建设，争取尽早做到多媒体教学进入每一个课堂，实现校校通。但从调研中看到，输入和产出之间有着较大的差异，特别是信息化和互联网在课堂上的运用方面，教学设备的使用率很低，并不能发挥信息化的真正功能。

究其原因主要有以下四方面：一是校园的宣传力量不足，许多教师不了解这方面的信息；二是这种资料通常由学校的资料室管理，许多教师没时间去借阅或者觉得麻烦；三是一些教学软件的实用价值还不够，教师使用时觉得效益较差，不喜欢使用；四是多数教师并不会对现有课程软件实施再加工操作，或是不能及时重新加工等。这种现象不但导致了人才与财力的损失，也降低了教师在课堂中运用多媒体管理软件的主动性。大多数的中小学教师对信息技术在课堂中运用的研究意识还不强，所以我们可以说信息技术和课堂融合是学校教育信息化的一个核心任务，但目前还不是一种成熟的教学模式，仍处在研发和实验阶段。当世界信息化浪潮不断涌来之时，学生一旦不能把握这种机会，将更有可能为时间所淘汰。所以，进行教育信息化与课程融合的教学研究工作，是推动中国高校教育信息化发展的迫切需要。

2. 学校对于小学语文教师的信息技术培训缺乏针对性

经过前面多年的"扫盲式"信息技术运用操作训练，许多中小学老师已经在一定程度上掌握了不少的信息技术知识，但在实际应用的过程中还是面临不少困难。信息技术在课堂上的运用不仅仅是老师的演示手段，它只是信息技术运用的初级阶段，《基础教育课程改革指导纲要（试行）》也明确提出，要通过信息技术进行课程的表现手段、老师的教学方式、学生的认知手段、课堂上教师交流手段的改革。所以，仅靠对信息技术的培训是远远不够的，应根据学校教育的实际状况，进行面向课程应用、基于实际教学过程的培养，让教师对信息技术在课程中的运用能力有进一步认识，并在更高的教育层次上应用信息技术，以此为学校教学服务、为教师的学习和研究服务。

有较大比例老师面临的问题是多媒体教学课件制作困难，而从最后的教学内容调研中获悉，多媒体教学往往强调老师对计算机技术基础知识的掌握，针对计算机技术的教学结合和多媒体教学软件操作的训练较缺乏。因此不少老师本身对计算机技术了解不足，导致在平时课堂上仅仅是为了使用现代的信息技术而使用信息技术进行教学的情况相当普遍，课堂教学中发生的计算机技术问题也无法自行解决。有关部门未能厘清需要、发展需求、满足需要之间的关系。培养的目的是培养老师对信息技术的运用水平，以便有效地帮助老师的教与学生的学。但是在实际培训活动中，因为有关机构没有对老师的培训进行充分考虑，所以就容易出现培训成效不佳，老师对培训不感兴趣，培训没有意义的情况。

3. 教师的信息技术水平不足，影响信息技术的使用

众所周知，信息技术培训是一门有着高度技术含量的科目，所以对任课教师来说挑战相当大。不过所掌握的研究表明，在大多数的信息技术培训里，老师们的总体能力水平不算高。经过与部分教师的开放性访谈，我们发现这主要存在两个原因：首先，老师的学科技能不够完善。很多的学校在招聘技术老师时，门槛都较低。导致学校不少老师仅仅掌握了基础的信息，以至于对于更加专业化、深入的信息也不能进行专业的掌握，所以老师在教他们时也只是皮毛。再加之，随着当下信息的快速化发展趋势，信息的应用领域、知识点等都在更新换代中，且部分学校在职老师所接触的信息较为滞后，因此造成了学校信息老师的总体专业

化水准亟须提升。

在现阶段普通初中语文课阅读教学中，部分老师已经开始意识到了教育信息化应用的巨大价值，并能够积极地在课堂教学上加以运用，力图从多种角度提高课堂教学的品质与水平。但由于部分老师的技术以及使用方式并没有那么科学合理，以致课堂上会产生形式化的状况。较为突出的问题就是老师只简单地运用了技术展示内容，却又未能意识到信息技术课件和文本内容之间交流的重要意义，从而使得学生和老师之间没能实现有效互动与交流，最后导致信息技术的应有价值与效果并没有发挥。例如，我们在了解《圆明园的毁灭》一文的信息技术应用过程中，部分老师会在收看有关圆明园的纪录片上花费很多的时间，纪录片中确实有不少知识点可以与课文相吻合，但老师在这一环节中却不能把握重点有效地给孩子加以指导，更不能和孩子展开良好的互动与沟通，孩子往往只是无目的地欣赏纪录片。这种粗放型的信息技术融入方式虽然也可以取得一些好处，让学习者在脑海中产生对圆明园的基本认识，但却很不利于学习者对课文的深入掌握，最终的学习效果也难以保证。

为了确保信息技术在语文阅读的教学中发挥出更大的价值与作用，老师必须要具有很强的信息技术能力和素质，据此形成课程设计能力，能够有效地把计算机技术渗透到教学的每一细节之中。但根据对现阶段的学校语文教育情况的研究，仍可看出，由于相当多的学校语文老师的信息技术素质亟待提高，而针对学生的课程设计知识则较为淡薄，也缺乏把信息技术和学校语文课堂教学实行系统设计的基本思想，所以在日常教学中产生了大量零碎信息而不成系统，严重妨碍了正常的系统教学。语文老师们应该怎样从中筛选出自身所需要、对教师有益的信息呢？这需要我们掌握相应的信息处理技巧，实用的信息可以提升语言阅读教学的品质与成效。另外，作为语文老师在给学生甄选有效的资料时，可以从这几个方面考量：所选信息是不是和课文联系密切，是否符合学校实际的语文阅读教学要求，以及是否得到了学校认可等等。老师是学生读书的引导者，必须向他们提供认识和理解课文的有效资料，但不能把又杂又乱的 PPT 信息介绍给他们。同时老师应该合理获取信息，注意资料的出处。

四、信息技术在小学语文阅读教学中的应用策略

（一）教育主管部门层面

1.在教师教学质量评价体系中增加信息技术辅助教学方面的考评

近年来，随着教育行政部门以及人事管理机构对老师专业性的严格要求（评职称时必须有计算机技能资格证明），使得中小学校的计算机技术培训班做得轰轰烈烈。只是从课程内容上来看，基本都只是停留在了信息技术层次。致使目前许多教师对于信息技术的教学运用基本上大多是以单一模式——教材为主，对信息技术在课堂中运用的基本认识也只有在课堂教学中播放教材，致使信息化教育的真正优点和功能并没有得以发挥。还有部分教师由于自身对信息技术不太了解，以及以往的传统教学习惯，主观上不太愿意学习、尝试使用信息技术辅助教学，这个现象经调查并不在少数。针对这个现状，希望教育主管部门根据学科自身特点，在教师教学质量评价体系中增加信息技术辅助教学方面的考评，让教师从业务角度产生学习并应用信息技术的动力。

2.组织教师进行信息技术辅助教学的技能培训

大部分语文教师期望校方能够举办相应的培训，这样能够改变教师们运用计算机技术时教学进度迟缓的现象，使多媒体教学效果明显提高。经过和教师们的交流，我们了解到大部分学校对于教师信息技术辅助教学方面的技能培训安排的时间较少，而面向班主任开展的培训多会把重心放到语文课程的讲授和课堂管理上。由此看出，学校应充分考虑到教师的需求，及时研究和收集学校语文教师的不同意见和要求，并根据学校现有情况，筹划组织一些高层次的信息技术相关培训，邀请一些信息技术领域的专业人士和优秀教师等，对教师运用信息技术开展课堂教学进行训练与辅导。组织教师开展培训的主要目的是掌握较高层次的教材操作技能，以便使教学质量进一步提高，同时要适当对教师实施必要的技能考核。

（二）学校层面

1.完善学校信息技术硬件设备

学校方面，学校领导班子、任课教师等都应立足于时代发展的需要，全面地关注当前学校进行信息化教学的情况，在教学思想上摒弃过去落后的教学思想，对信息化教学重视、关注，并给予资金支持、完善学校信息技术课堂设备。要依据实际状况，如中小学生的规模情况，配备相应数量的信息化教育素材和硬件设施，不断完备学校信息化器材、设备。在对设备的保护与修复方面，我们要予以

注意，选择专门的维修设备、工具做好后期的维护；要对学员的上机动作加以规定，保护器材。

2. 整理技术文档用于教师共享

调查表明，信息技术课程的技术性困难是大部分老师共有的问题。在这种情形下，通过汇总梳理出的技术文档，把常用资源与常见问题的解决方法纳入其中，在这种方式下培养教师们的课件编辑与运用的能力可能会更有效果。校领导们可以试着针对自身校园的实际状况，通过组织学校语文老师开展社会调查和访谈沟通的方式，对学校老师信息技术教育方面的实际情况和要求有一次更充分的认识，并引导学生们集思广益共同参加学校信息技术文件的编撰，归纳总结出符合学校语文阅读教学中使用信息技术所遇到的常见问题的解决方案及信息技术文件，并制成相应的电子文档让该校的语文老师可以随时随地地学习和应用。

（三）教师层面

1. 重视先进知识理论的学习

教育改革发展的持续深入，可以看出未来学校课程中，信息技术一定会变成最常用的教育辅助工具。作为语文教师，就应该从根本上树立教育现代化的理念，在课堂教学中应用现代化的先进教学方法。而教师们为了使在课堂中所使用的信息技术手段更加科学，并能够给学习者的读写训练提供很好的平台，就更需要教师们强化对先进教学理念的掌握。教师使用信息化教学的优点显而易见，可以把要掌握的内容具体化地呈现出来，更便于学习者对知识点的掌握。

目前，许多年龄大、教龄长的学校语文教师，由于对信息化设备各种功能以及应用方法的熟悉程度还处于认识的初级阶段，不但对一些课堂上信息化知识点的了解还不全面，在有关信息化设备的课堂教学技术操作能力等方面，也需进一步提高。所以，广大语文老师们必须努力掌握与信息技术相关的专业知识和技巧，并通过自学切实地增强自己的现代教学与信息技术能力。在实际教学中，语文老师应根据内容与学情，针对孩子的自身特点制定适当的多媒体教学教材，切实发挥出信息技术应用于阅读教学中的优势。应用信息技术手段进行教学必须掌握计算机技术，立足于工作岗位，在实践活动中提高计算机技术，可以从以下几点入手：首先是在课堂教学的过程中。老师在课堂上不能简单地给学生讲解知识，还必须同时具备对学生自身技能的培养意识与措施。在授课前的准备工作至关重要，而课后整理也一样重要。其次是竞赛培训环节。信息技术的成长，离不开创造意识、竞赛意识、合作意识等，而应用信息技术教学的老师在提高学生自身的学科素质的同时，对他们的精神培养也不可松懈。第三是多为他们创造一个比赛平台，培养他们的实践意识，同时在对他们进行指导的过程中也可以提高自己的技术水平。

最后是课题研讨阶段。在小学里，信息技术老师需要多开展课题的研讨，完善自身的信息化知识，为学校的信息化教学的开展作出努力，同时提升自身的学科素质水平。老师们要针对信息技术的合理应用形成正确的教学观点，要迎合并顺应现代化的、社会主流的教育发展趋势，要具有辩证观察事物的能力，积极把握信息技术在学校语文课阅读教学中的实际运用。更要积极地去理解、正视其他相关技术的使用，并确保对其有更充分的了解，只有这样，才能实现传统的课堂与信息化的有机结合、相互促进。

2.提高课件制作能力

信息技术的发展日新月异，近些年来，国家正在大力推进学校信息化发展，并要求全国中小学校的信息化设备全面提升。当前的义务教育中许多学校都实现了"校校通"，信息技术设备的配置标准愈来愈高，教学手段的更新换代不断提速，在此背景下，语文教师必须努力提高自身水平。语文教师也应利用网络资源掌握教育信息。网络的迅速发展给语文教师的教学提供了极大便利，在互联网上有很多优秀课程视频供教师学习。语文教师也可以利用休闲时光上网充电，和其他教师互动探讨，借鉴他人经验教训，从而增强自我实践能力。现阶段，由于信息技术硬件创新加速，由过去的幻灯片式发展到了如今的一体屏幕，不但在教学中的应用变得愈来愈繁杂，而且课件的制作难度也愈来愈高。

语文教师要充分运用网络资源，熟悉多媒体教学设备的运行过程，并熟练掌握对各种设备的运用。面对各类教学应用软件，广大一线的语文教师也要深入掌握，不但要熟悉操作，还应努力做到精通，制作出更优质的多媒体教学课件。语文教师应通过和教师之间的交流与探讨来学习信息技术。办公室里少不了熟悉信息技术的老师，当出现操作教材或使用仪器上的问题时，教师间要互相帮助，共同进步。教师们可组织各个班级的语文教师进行现代信息技术交流会，通过共享彼此的教学经验教训，在短时间内提升教师们运用信息技术的能力。

此外，教师们在公开课时应积极利用现代信息技术，并勇于承认自己的困难与不足，只有敢于发现困难，才能克服困难。通过教师之间的互相协作，不但可以提升自己的信息技术能力，而且有利于维护良好的合作关系，使教师间交流更为融洽，形成良好的氛围。语文教师还可以透过培训提高使用信息化的水平。近年来，教育主管部门和高校逐步加强对一线语文教师的培养力度，以期提高他们的信息化水平。语文教师要牢牢抓住这个契机，努力学习，通过培训切实提升自己的技术水平。授课技巧的优劣直接影响着课堂，也对学生的学习效果有重要影响，所以语文教师必须要利用各种途径掌握信息技术的基础知识与实际水平，以不断地提高自己专业水平，让信息技术真正发挥它的优势，改善语文教学。

3. 突出学生主体地位

有些教师认为"课堂中的学习者的自由，是指在课堂中学生以非强迫的方法完成学业的状况，即教师经过适当的教育组织而构成一个自主教育社会秩序，学生在自主社会秩序中的自主学习，是依照其自身的意愿和规划做事，学生就是自己学习的主角"，这是学习者主体社会地位的表现，唯有经过他们自主的教育，课堂上才能起到最佳的教育效果。新课程改革也提出了"以教师为主导，以学生为中心"的教学思路，因此小学的语文阅读教学也需要提出这样的课堂思路。此次调查结果表明，大部分语文教师在课堂上都是应用计算机技术进行课堂教学，但有的语文课教师，在教学中过分注重信息的使用，让信息技术变成了课堂学习的中心，颠倒了学生与信息技术的关系。

现代教育中，知识的主要角色往往已经被技术取代。在小学语文阅读教学的过程中，教师应根据教学的实际情况和学生的读写水平，恰当地运用计算机技术开展课堂教学工作，在教学中发挥计算机技术的优点，从而进一步地充分调动他们的学习兴趣，激起他们对学习的激情，使学生习惯自主学习。

在运用信息技术开展课堂教学时，不论是在 PPT 的制作上还是教学的进行上，都应该优先顾及教学的主体——学生。在课堂中绝不能由 PPT 牵制着整个课堂的教学流程，所以在做 PPT 时就需要对课堂教学时的生成性问题做充分的考虑，在具体课堂教学时，教师应随时了解学生情况的变动，随时改变自己的课堂教学方式，如此才能提高他们的学习积极性。在课堂上语文教师也能够运用信息技术调动学习的氛围，并不会生搬硬套地按照 PPT 的内容进行教学。在教学设计中，教师也要以学生的学习为主，包括在课堂教学中教师之间的沟通，学生与课堂之间的沟通，以及教师与文本之间的沟通。

在课堂上可以通过信息技术提供互动交流的主题、场景、画面、声音等，增强学习者的体验，调动学习者阅读和互动的积极性。在运用信息技术实施课堂教学的过程中，教师们能够利用信息技术手段，进行适当的操作，通过不同的教学方法，来体现学生的主体地位。如在使用信息技术时，教师必须掌握好信息技术的运用时间，根据不同学段的特点选择不同的教学方法来实现以学生为中心的教育理念。

就低年龄段的学生而言，他们注意力集中的时间非常短，所以在运用信息技术开展教育中可以先抓住他们的关注点，在PPT中偶尔穿插一个小动画、一幅图画、一个声音都会引发孩子的阅读欲望。

针对中学段的学生来说，由于学生的教育观念已发生了很大改变，在上课时又能用较长时间聚集精力，所以，在教学时，教师要合理地运用现代信息技术开展教学。在这个学段中，教师之间、学生之间以及学生与文本间的交流量均有所增加，因此在利用现代技术进行课堂教学时宜合理地设置有限的上课时间，同时相关于现代信息技术的应用不宜过多，教学文章也不宜太长，可以有重要的文章语句及有助于学习者理解语言的文字和资料，随着教学进度而自动跟进，这便是现代计算机技术作为辅助教育工具真正意义上的存在，既表达了学习者的主体性，又不会影响教师间的互动沟通，同时现代互联网信息技术还可以激励学生学习、探索的欲望。

对高学段的学生而言，他们对信息技术课程的要求不同于上述两个不同学习阶段，研究表明，高学段的学生比较强调运用多媒体技术帮助他们进一步理解文本，所以，在课堂教学时，要充分利用信息技术的优势，扩大学生的课外知识、丰富学生的视野、激发师生互动等，但也不能急于求成，要根据课文的内容进行深入的阐述，适时地呈现出一些辅助性的内容，并在课后进行补习，让学生在课后进行阅读，因为他们的阅读水平足以胜任这种教学。只有适应学习者多样化的需求，合理地运用计算机技术开展课堂教学，才能有效地发挥学习者的主体作用。在学校的语文课阅读教学过程中，教师要以学生为主导，合理运用信息，以提升上课的教育效果，提升同学们的阅读效能，从而提高阅读的兴致，使同学们形成比较正确的阅读习惯。

4.加强信息技术教学与传统教学的合作

传统教学模式，实际上是相对现代的信息技术教育所采用的方法，但是传统的教学模式有它的缺点，也有其好处，相对现代的信息化教育也是有利有弊，如若二者能够相结合，扬长避短，则对现代化教育将会有更大的发展空间，何况现在学校所采用的教学设备多是多媒体一体机，而黑板和计算机等信息技术也能够一起应用，那么，黑板的应用就更加简单了，例如随写随读随擦，老师就可以通过黑板上写的文字来吸引学生的注意力了；而计算机技术则能够通过声形并茂的图像和影像信息，把抽象的内容转化为形象的知识，从而调动孩子的阅读欲望。

二者联合应用有利于形成新教学改革提倡的"高效课堂教学"。信息化教学和传统教学可以在对学生的学习信息反馈中彼此融通，但有些教师则认为"传统教师在开展教学活动的同时，也需要借助各种非正式的评价活动，来调节课堂行为与程序"。

在实施评估时，教师必须充分考虑评估活动所占课堂上整个教育实践中的比例，重视评估的实际效果，并防止教师采用过于繁琐的评估程序，从而浪费学生过多的教学时间。不是为了评价而评价或以评分为标准的教育方式，学生在课堂上的反馈和下课后的反馈是最有效的评价。传统的教学中，老师评价学生的课堂表现，一般是通过学生的作业情况，或隔段时间进行一次测验，通过这样的方式，收到学生的反馈情况是比较慢的；但通过信息技术手段参与的教育，老师能够在课堂上对他们的学习效果进行实时测试，他们也能够知道自己上一节课的成果，同时老师也能够及时了解学生读书的效果，及时调整补充课程，从而调动学生阅读的积极性；而在另一方面，学生的作业也有布置的必要，老师一方面能够帮助学生巩固学习的知识，另一方面也能够检查他们真实的学习效果。测验就是对学生一段时间学习成果的总结，老师也能够通过测验了解他们这一时期的学习状态，因此信息化教学与传统教学的结合，能够让老师随时随地掌握自己的教学效果，让孩子随时随地反映自己的学习状况。信息化教学和传统教学能够在教学方法上交叉融合，将传统的书籍教学模式和应用现代计算机技术进行阅读教学的方式完美融合，既能够有效地提升学生的读写能力，提高学生的读书兴致，也能够有效地提升老师的语文教学。

在传统教学模式中，整节课都表现为教师、学生、文本以及作者之间的信息交流，师生之间实现了高度的信息交互沟通，而这种特点是目前信息技术教育方法中所没有的。作为小学语文老师，在合理地使用信息技术的同时应该保留这种"师生对话、师生与文本的对话"的教学模式，一起交流、共同探究，共同达到教学的目的。

常规的课堂教学中，老师关心的只是知识与文本，但在信息化课堂教学上，老师却对信息技术相关信息重视得多。因此，需要二者平衡起来，既凸显学习者的主体地位，又运用了计算机技术进行了指导教学。传统的教学模式中，语文老师一般都是先依据教学用书备课、写好课件、设计好板书，接着才展开课堂教学，在准备时要将阅读内容分成若干环节，然后这若干环节按照"教学生成"的实际情况，才能随意做调整。这是在信息技术课堂中PPT很难实现的，因为一旦打乱了幻灯片的放映次序，极易造成上课与教学活动之间的混淆。所以，我们要根据传统的方式组织好教学，把有目标的教学内容用 PPT 写出来，但并非将全部的教学环节都做好，这样，既可以比较从容地解决"生成性现象"，也可以为学生提供声情并茂的直观教学内容，进而引起学生的兴趣，提升课堂教学的品质。

第五章　小学语文作文教学高效课堂的构建

第一节　小学语文作文教学的现状

一、小学生写作行为的主要表现

"流水账"现象严重，作文缺少美感。"流水账"是指小学生在写作文的时候会事无巨细、毫无保留地写出自己经历过的事情、看到的景物以及接触过的人，但是因为缺少文学设计、轻重取舍，学生所写的作文像是一篇记录生活碎片、学生经历的"流水账"，作文整体缺少美感、逻辑性，且没有明确的写作主题。出现这一问题的主要原因之一便是小学生并不能灵活应用书面语言的表达技巧，且难以在写作文时区分口头语言与书面语言的不同之处。写作虽然是一种书面化的表达方式，应真实再现学生的生活经历、个人感受，但是却需要经过一定的文学创作，通过修辞手法、说明手法或者写作技巧进行语言创造，往往需要构建文本意境。但是，因为小学生写作能力水平低下，导致学生无法创造出一篇好作文。

作文缺少真情流露，素材堆砌现象明显。在作文教学中，教师一般会让学生在课堂上独立完成写作任务。为了保证小学生在写作文时是轻松的、自主的，教师并不会随意打扰学生的写作行为，允许学生按照自己的节奏写作文。但是，因为缺少必要的情境引导、思维启发，小学生在写作文时常常产生心理压力，将写作文看成是不得不完成的任务，很难带着自己的真情实感写作文，这也就直接影响着小学生的写作行为。一些小学生为了按时上交作文，会直接照搬现成素材，将符合写作主题的各类材料堆砌起来，存在东拼西凑的现象，并不能展露学生的真实情感。除此之外，有相当一部分小学生会在写作文时生硬地挂靠高尚的道德品质、人文思想，想要拔高作文立意，但是却难以与自己所写的人与事物的内容结合起来，普遍存在空洞无物、立意不准确等写作问题。

写作用词单一，难以体现个人特色。小学生受到成长经历不足，且语言储备不充裕等现实问题的影响，在写作文时常常会出现用词单一、语言啰唆重复等表达问题，这就直接影响小学生的写作状态，他们常常为了拼凑字数而陷入写作瓶颈，时常感到思路受阻，无从下笔。在这种状态下，小学生会反复使用自己印象深刻的写作素材，但难以显现出个人特色。另外，不少学生已经形成了固定的写作思维，他们会用"蓝蓝的"描述天空，用"清澈见底"去描写河流，很难跳出现有固定思维的限制去创造出新的语言。在这种状态下，小学生所写的作文往往呈现出千篇一律的特点，同样也不利于提升小学生的写作能力。在这种低效的作文教学过程中，小学生难以形成良好的写作效能，并不利于培养小学生的写作自信与写作能力，也会直接降低作文教学效率。因此，小学语文教师应根据小学生在写作中遇到的问题进行写作指导，改善写作教学形式，以便切实提升小学生的写作能力。

二、影响小学语文作文教学的因素

环境因素。根据学习动机理论，学生学习的主要力量是内部动机，次要力量是外部动机，因此在小学作文教学中可以利用外部环境激发学生写作动机，影响学生的写作兴趣。例如教师可以对学生进行深入指导，让学生感受到教师的关心，从而提升学习兴趣；家长可以陪伴孩子一起写作，指导孩子写作，促进孩子发展；还可以充分利用社会资源，让学生积累更多的写作材料，刺激学生进行写作。

行为因素。根据行为主义学习理论，个体的学习是通过经典条件反射，形成刺激与反应，教育学家斯金纳研究发现他人行为会对孩子造成重大持久影响，特别是在学习情境中。因此可以发现，周围人的行为会对个体造成直接或者间接的影响，特别是一些长期反复的行为，会成为他人效仿的对象。因此在小学语文作文教学中，可以根据此理论，教师、家长通过良好的示范作用带动学生进行写作，提升学生作文能力。

条件因素。根据学习动机理论以及小学生身体特点，在小学语文教学中教师可以通过一些外部奖励的方式激发学生兴趣，提升学生写作动力。例如可以在教学中运用多媒体设备进行教学；开展作文评选活动；利用网络教学资源进行教学等。

评价因素。教学评价具有导向功能和激励功能，对于小学阶段的学生而言这一作用更加明显，因此语文教师可以对学生多一些肯定性评价和激励性评价，引导学生向着积极健康的方向发展，在学生出现严重错误时，也可以通过负面评价的方式督促学生改正不良习惯。

方式因素。在小学语文作文教学中应当通过多种方式开展教学，例如独立学习、小组学习等方式，激发学生的学习积极性，提升学生的学习兴趣，更好地开展教学。

第二节　小学语文写话教学研究

一、写话教学概述

（一）写话教学的定义

在了解写话教学概念之前，我们先谈一谈什么是写话。"写"是一个动词，意为"书写"，这个动作的实行需要手指和手腕关节相互协调，属于一种程序性知识；"话"是人们说出来或写出来的，它可以包含一句或是几句话，它是由主语、谓语、宾语等成分构成的，需要遵循一定的语法规则，并且符合一定的逻辑和组织排列。

《全日制义务教育语文课程标准（实验稿）》对第一学段的学生提出："对写话有兴趣，写自己想说的话，写想象中的事物，写出自己对周围事物的认识和感想。"这主要是鼓励学生说自己想说的话。"写话就是让学生用书面文字记录口头语言。"不难得出，说话与写话还是存在着一定的区别，说的话可以是口头语言，也可以是书面化的语言。写话是建立在说话的基础上，可以通过语言表达出来，也可以在脑海中组织相关语言形成无声的语言。因此，写话应是说自己想说的话，经过一定的组织形成的具有逻辑性的书面表达活动。那么，什么是写话教学呢？不妨把写话与教学二者联系起来，写话教学就是教育者有目的的、有计划、有组织地指导学生将想说的话转化为书面语言的过程。写话教学既有教师教的层面，又有学生学的层面。教师要教给学生写话的技巧与方法，学生在教师的指导下进行写话。写话教学与写话既存在着联系，又有所区别，写话教学的对象是教师，而写话的对象是学生；写话是学生进行的活动，写话教学则是教师对学生写话进行相应的指导。写话实际上属于写作的一部分，属于语文教学内容的一个模块，而写话教学则是教师在进行常规教学，教授学生某一方面的知识。

（二）写话教学的特点

根据文献中对写话概念的界定，写话是写自己想说的话，不同的个体写话内容千差万别，有着鲜明的个体差异性。写话是学生根据自己的理解与感受进行的创造性活动，写话教学的方法不是单一的，教师可以根据写话内容创新写话教学的方法，所以有一定的创造性；写话的内容大部分是来源于生活，学生根据自己的切身经历和生活体验，将这种感受代入写话中，因此写话教学还具有一定的实践性；在写话教学过程中，学生要根据题目写出符合要求的内容，处理好句子、词汇之间的逻辑关系，还要注意写话的格式，因此，写话教学具有规范性；写话的范畴非常广泛，包括生活的方方面面，涉及的领域也很多，这些领域不是孤立存在的，而是有一定的联系，所以写话教学具有综合性；不管是写话还是写作，都需要积累一定的素材和知识，否则难以下笔，没有知识的支撑很难完成这一项活动，因此，写话教学还具有知识性。

（三）写话教学的类型

写话教学最常见的类型就是看图写话，出示一幅图片，让学生仔细观察图片的内容，图中有哪些人或事，他们在干什么。这需要学生结合自己的想象写下来；还有一种类型是话题写话，给出话题或者几句话，根据题目的意思写出符合要求的内容，例如：暑假快要到了，亲爱的小朋友们，你们打算在暑期干什么事情呢？这样的题目就没有图片，需要学生围绕一个主题去写；最后一种是补充式写话，学生需要根据给出的前文，结合语境，发挥自己的想象，合理地补充后面的内容。

（四）写话教学的作用

写话是将心中所想的语言或是所说的话转化为书面语言的一个过程，可以帮助学生提高书面表达的能力，因为有些学生可能存在这样的问题，口头语言表达流畅，但是用文字将其书写下来却不知道从何下笔，所以，这对学生的书面表达也是一种锻炼和培养；写话教学是从小学低段进行的一个教学内容，它起着基础性的作用，写话是写作的开端，是小学生进入写作的起始阶段，前期的写话也为后面的写作打下一定的基础。写话和写作都涉及遣词造句等技能的运用，有助于学生掌握相关的技能；写话可以激发学生表达的欲望，将自己的想法和感兴趣的事情写下来，久而久之就会帮助学生养成写话的习惯；在写话教学过程中，还需要学生调动自己的思维去组织语言，精选词汇，因此这也有助于启发学生的思维，激发学生的想象；不论是写话还是写作，都奉行一个原则：求实写真。它要求学生写出自己的真情实感和切身经历，在写话教学阶段，除了想象类的话题，写话也依然是建立在"真"这个基础上的，学生从小接受这种思想的感染，就会明白"真"在写话中的意义。

二、写话教学对小学语文教学的意义

（一）以写话教学促进语言发展

语文核心素养的内容中包含了语言建构，而语言建构是语文核心素养的基础部分，因此写话教学实际上对于语文核心素养的发展具有推动作用。写话是要求低年级学生将自己口头语言利用书面形式表达出来，"话"的篇幅较短，可能只包含了一两个句子。那么，低年级的学生刚刚接触语言的学习，从简单的词汇、句子入手，进而运用一些简单的句子表达自己的心情或者所经历的事情，本质上是在教师的指导下，把这些事物转化为文字。写话的必要条件是要有一定的积累，对词汇、对事物的体验等的积累，而语言建构中就谈到"学生是通过主动地积累、梳理和整合，逐步掌握祖国语言文字特点及运用规律"。我们在指导学生写话的时候，不仅引导学生写出自己的体验，也帮助学生积累，记录生活中的点滴，从而运用到写话中。

（二）以写话教学开拓思维

在写话教学过程中学生需要进行构思，按照某种顺序排列句子，使得句子合乎言语逻辑。在写话时，学生需要在脑海中提取适合主题和符合要求的材料，并进行一定的序列安排使语言符合句子逻辑。思维需要借助语言工具才能进行，学生长时间进行写话的训练，也会促进学生思维的发展。学生进行写话主要采用的是形象思维，把对客观事物的感受存储在脑海中。教师在对学生进行语言训练时也要训练学生的思维，这二者不是孤立的。语文教育专家彭华生说："学习语言，有一定的规律可循，其中一条规律就是语言训练必须和思维训练相结合。"所以，写话教学从某种意义上说有利于促进学生思维的发展。

（三）以写话教学培养审美情趣

语文核心素养指出学生不仅能够欣赏美，还要创造美。写话与说话不同，写话需要运用一些技巧才能将句子写得富有美感。首先就得提到语言美，我们在指导学生写话时，不仅仅满足于将语句的意思表达清楚准确，在句子结构与遣词造句等方面也要使用一些技巧。著名学者王力先生谈道："语言的形式之所以能是美的，因为它有整齐的美，抑扬的美，回环的美。"我们会根据学生所写的内容评定好坏，而标准就是语言美。语言美体现在诸多方面，这段话所采用的修辞手法、表达方式，以及所传达的思想感情等。比如学生刚开始在描述一个事物的时候，可能采用的是普通的、没有任何感情色彩的陈述句，经过指导，他们会采用一些修辞手法，就会使语言变得形象生动，这就是一种语言美。语言审美体现在语言美、语境美、韵律美等方面，而小学低年级写话一般要求做到第一个层次，句子的意思清晰，并会使用一些简单的手法来修饰润色写话内容即可。

（四）以写话教学促进文化传承

新课标指出文化传承与理解是指学生在语文学习中，继承和弘扬中华优秀传统文化，热爱祖国语言文字，热爱中华文化，防止文化上的民族虚无主义。看似文化传承与写话没有关联，但是这其中也有着千丝万缕的联系。写话的内容是由句子、词汇有序地组织而成的。中国文化博大精深，一个简单的字，一个普通的词语可能蕴含着悠久的历史文化，那么，学生在使用文字的这个过程就是对文化的一种理解与传承。对于低年级学生而言，传统文化可能有点抽象，他们更多是在潜移默化中学习文化、运用文化、传承文化。

三、小学语文写话教学的内容

（一）遣词造句

词是组成句子的基本单位，词分为实词和虚词两大类，实词包括名词、动词、形容词、数词、量词、代词；虚词包含副词、介词等。而在低年级的教学中学生接触较多的词是实词。教师在教学时不需要向学生介绍词类等概念，但是我们要弄清楚哪种词会经常出现，引导学生理解并做好积累，这是至关重要的一个环节。因为词对一个句子来说，它就是一个根基，而一个句子对于一段话来说，它是组成这段话的基石，就像建造房屋，需要层层往上堆积，但只有把基础做牢固，房屋才足够结实，词对于写话而言，就如同砖块与房屋。词对于句子的重要性是不言而喻的。"词与词的横向组合才能构成完整的句子，词语虽小，但在写作中有着至关重要的作用。"所以，我们不难体会到词对于句子乃至文段的重要程度。

然而，在实际的写话中，教师和学生都缺少对词的关注。教师在教写生字以及教授新课的同时，要注意对重点词语的解读，便于学生理解和积累一定的词。如果单个地讲解词的意思，学生可能不太能接受，教师就需要结合具体的语境，联系生活实际，加深学生对词的印象以及词的适用范围。帮助学生理解句子，可以引导学生结合生活实际去理解这个句子蕴含的道理或是表达的某种情感。"联系生活实际的方法能帮助学生体会句子所表达的思想感情。"一个句子中有词是远远不够的，还需要注意句法，通常来说一个句子最为常见的结构是"主语＋谓语＋宾语"，如果顺序错乱，那就违背了句法结构，不能称其为一个句子。对于句子的教学，我们也要注意采用一定的方式方法。教材中选取了很多优秀的课文，这些课文不仅是上课的素材，也为我们帮助学生训练语言提供了平台，深入课文，在帮助学生掌握课文内容的基础上探索课文中的关键语句，这些语句或是采用了某种修辞手法或是运用了某种表达技巧，这些都值得深入分析。"课文是对学生进行语言文字训练的凭借。"这就提醒教师在日常的教学中要注重对句子的分析、讲解。

（二）标点符号的使用

标点符号在写话中也是非常重要的一个部分，由于低年级的学生才开始接触到标点符号，对于它的用法和适用语境还分不清楚，会存在误用、滥用等问题，还有一些学生甚至在写话时不用标点符号，一段话从头到尾没有出现一个标点符号，这严重影响了我们对写话内容的理解。写话的篇幅较短，一段话只包含几个句子，但是也不可缺少标点符号。在低年级的写话教学中应加强学生对标点符号的认知与训练。不同的标点符号在句子中发挥着不同的作用，它是帮助理解文章的一种辅助性工具。如果不能正确使用或是误用都会对理解文段内容造成障碍，甚至改变句子本身所要表达的意思。标点符号可以帮助人们确切地表达思想感情和理解书面语言。比如，一个学生写道：鸡，不吃了。这句话有两层含义：一是鸡不吃食了，二是我不吃鸡这种食物了。如果去掉逗号，就变成"鸡不吃了"，此时只有鸡不吃食这个意思了。因此，一个小小的标点符号对文章意思的理解起着很大的作用。

因此，教师要重视对标点符号的讲解，让学生掌握相关标点符号的适用语境。很多学生分不清这些符号的作用，经常会导致误用标点符号的情况发生。有很多学生分不清顿号和分号的区别，在写话中经常将两种符号误用，顿号表示的是短暂的停顿，比如，果园里有桃树、梨树还有枣树。而分号则是用于几个句子之间，并且这几个句子是并列的关系。比如，春风如母亲的手抚摸着大地；春雨如甘露滋润着万物；春雷如交响曲欢庆春天的到来。这一句有三个分句，每个分句表达的意思略有区别，它们在句子中是并列的关系，这里就不能使用顿号了。那么，低年级学段的学生掌握哪些标点符号，《义务教育语文课程标准（2011）版》规定第一学段写话教学要求是：根据表达的需要，学习使用逗号、句号、问号、感叹号。

写话中需要用到的远远不止这些标点符号，书名号、冒号还有双引号等用到的也很多，比如，让小朋友写一写自己喜欢的一本书并简单介绍自己感兴趣的部分，就要用到书名号了。写话内容中涉及人物对话或是出现某人所说的话，就要使用冒号和双引号。如果学生之前没有接触这些标点符号，就会导致文段内容标点不符合规范，进而影响到写话的质量。因此，教师可以在写话教学中增加一些常用的标点符号，对学生加以训练。学生只有掌握并正确使用标点符号，才能将语言表达得清晰、流畅。

（三）形象思维的培养

对于写话，除了要引导学生掌握大量的词语以及常用的标点符号之外，教师还要引导学生如何去构思。思维分为形象思维和抽象思维，形象思维是对客观事物的感知，抽象思维是揭示事物内在的规律和联系。在写作以及文学作品创作中形象思维发挥着重要作用，写话也不例外。我们要借助看图写话训练，培养低年级学生的认识能力、表达能力以及形象思维能力，为中高年级的写作打好基础。

那么这里我们就要重视对学生形象思维的培养，如何培养学生的形象思维也有一定的方法。不管是形象思维还是抽象思维，其实都离不开观察，积累了一定的表象才能够促进思维的发展。培养学生的形象思维就要引导学生学会观察，观察客观事物的特征和表象，观察的方式也是多种多样的，调动感官去观察，比如说视觉、听觉、嗅觉、触觉等。很多学生不知道如何去观察，教师就可以指导学生采用这些方法去观察。在观察中，要有一定的目的性，这样才能有所收获。比如，让学生写自己喜欢的一种水果，学生就要观察水果的形状、颜色、大小，为了进一步让大家了解这种水果，还要调动嗅觉和味觉去闻一闻它的气味，尝一尝它的味道，从而说明它的气味和口味是怎样的。引导学生循序渐进观察大自然，多种感官观察大自然。

学生只有对这种水果展开充分的观察形成一定的形象思维，才能够写出较好的作品。观察是促进形象思维发展的一方面，思维的发展一定离不开想象和联想。低年级的学生学习了一些简单的语言表达方式，例如比喻和拟人的修辞手法。学生在写话时，想要使得句子表达更加生动形象，便可采用这些手法。那么，这两种修辞手法的运用都需要学生结合生活实际，在此基础上加以想象和联想才能得以完成。比如，燕子的尾巴像剪刀。这是一个比喻句，学生在写出这个句子之前，脑海中会有燕子尾巴形状的表象，通过联想发现燕子尾巴的形状与剪刀有相似之处，这是通过想象与联想才得以完成的。

四、绘本阅读在小学写话教学中的整合策略

（一）融合绘本情境，激发表达兴趣

陶行知先生说："培养教育人和种花木一样，首先要认识花木的特点，区别不同情况给以施肥、浇水和培养教育，这叫'因材施教'。"在写话教学中，小学语文教师必须意识到学生表达能力提高的规律，利用适宜的手段开展相应练习，满足其个性化学习需求，实现"因材施教"。考虑到小学生大多好奇心旺盛但注意力不易集中，语文教师在写话教学中应尽量挑选趣味性较强的绘本，让学生在阅读过程中不断产生有关"为什么"与"后来发生了什么"的思考，在好奇心的影响下保持旺盛的学习热情。

例如，在统编版小学语文二年级上册《植物妈妈有办法》的教学中，教师可利用德国作家安妮·默勒的绘本《一粒种子的旅行》搭建情境，通过释放情境的吸引力激活学生的表达欲，使其乐于参与写话练习。《植物妈妈有办法》讲述了几名植物妈妈送孩子离家的方法，而《一粒种子的旅行》则介绍了种子的传播方式，二者存在一定的共通之处。于是，在写话练习中，教师借助《一粒种子的旅行》中的画面内容搭建情境，结合多种类型的视听教育资源，让学生走入大自然的怀抱，了解生活中常被忽视的事物。搭建情境时，教师可以以种子发芽成幼苗的过程作为切入点，根据绘本中的手绘图片，播放摄影机拍摄下的种子发芽过程，让学生借此了解植物的生长过程。随后，教师继续引导学生阅读绘本的画面与文字，以"你最喜欢种子旅行的哪个环节""种子发芽经历了哪几个阶段""这粒种子最后会长成什么模样"等问题激发学生的好奇心，使其产生表达欲。趁着学生表达欲旺盛的时机，教师要求学生以"一句话回答"的形式完成写话练习，并于小组内交换修改。

（二）融合绘本角色，体会表达情感

适合低年级小学生阅读的绘本大多数拥有精美的画面与凝练的语言，其中的图画与文字能够相互补充说明，使阅读的门槛大大降低。与此同时，由于绘本中的文字总量较低，每一处语句都是经过字斟句酌才确定下来，经得起反复推敲，为学生提供了良好的写话范例。然而，小学生的文字阅读经验较少，在分析绘本语言时很难抓住关键内容，无法充分体会其中的情感，在阅读向写话的转化中遇到较大阻碍。因此，在利用绘本开展写话教学时，语文教师可以多引导学生关注绘本角色身上发生的故事，以角色扮演等形式促使学生将个人情感融入绘本阅读，

深入地探寻角色性格与故事逻辑，从而理解语言文字的内涵，为后续的写话练习积累语素。

例如，在统编版小学语文二年级上册《坐井观天》的教学中，教师可以利用绘本《井底之蛙》组织角色扮演活动，利用生动的表演，加深学生对文本内容的理解，继而对其中的语言组织技巧形成深刻印象。《坐井观天》《井底之蛙》是根据同一则寓言故事改编而来，前者侧重于文字，后者侧重于画面，将二者结合在一起，可以让学生更好地理解青蛙与小鸟两个角色。在朗读课文与阅读绘本之后，学生两两一组进行角色扮演，以课文中的对话作为台词，以绘本中青蛙与小鸟的神态动作作为模仿对象，完成一次有感情的表演活动。表演结束后，扮演青蛙与小鸟的学生分别发表个人对故事的看法，从所扮演的角色出发，用一句话记录感想，完成写话练习。通过先扮演角色再分享感受的方式，学生能够带着浓烈的情感思考语句内容，言之有物地表达想法，有利于学生养成以语言文字记录真实情感的习惯。

（三）融合绘本语言，展开仿写练习

由读到写的转化过程较为复杂，低年级小学生即使在绘本内容的刺激下产生了表达欲，也很难快速写出准确、优美的语句。因而，绘本在写话教学中的融合，除了要发挥兴趣引导与情感体验的作用，还要作为学生仿写的对象，为其提供优质的写话参考。绘本语言不仅简洁生动，而且蕴含一定语言规律，其中的大部分语句都可以作为仿写的好素材，若是能够善加利用其中的好词佳句，则能有效提升学生的写话质量。因此，仿写应作为绘本与写话教学融合的重要方向，教师可以筛选出绘本中结构严谨、用词准确的语句，带领学生以仿写的方式实现由读到写的转化。

例如，在统编版小学语文二年级下册《开满鲜花的小路》的教学中，教师可融合绘本《最美的科普：花的四季》，挑选出绘本中值得仿写的语句，带领学生先分析再仿写，以较强的技巧完成写话练习。《开满鲜花的小路》讲述了种子无意间洒落在小路上，使得小路开满鲜花的故事，而绘本则使用优美的文字与精致的画面介绍了多种美丽的花朵。在融合绘本时，语文教师可以用"猜一猜，小路上都有什么鲜花"的问题作为引子，鼓励学生从绘本中挑选喜欢的花朵种类进行阅读，并分析其中好词佳句的写法，如在分析"虽然天气还是冷冷的，但是藏红花已经等不及了，从黑暗的地底下冒出来"时，先点出拟人的修辞手法，再去分析语言上的精妙之处。针对上述句子，教师让学生思考"怎么用肢体动作表现天气寒冷"，待学生做出"打颤""搓手""呵气"等动作时，再引导其联想"这些都是人的动作，植物会有类似的动作吗"等问题，并播放"藏红花从泥土里钻出来"的影像资料。观看视频后，学生发现，原来藏红花看起来也有些"颤颤巍巍"，而幼苗被风吹动时，仿佛是被冷风吹得走不稳的行人一样东摇西摆。通过对比，学生大致了解拟人修辞手法中将物比作人的合理之处，以及这种表达方式的生动性。随后，教师要求学生仿写上述语句，同样以拟人的手法刻画植物，做到逻辑合理，用词准确。

（四）融合绘本话题，开展扩写练习

为了适配低年级小学生的阅读能力，绘本将大量信息置于画面中，使学生以图文结合的方式理解故事脉络与内涵道理。而视觉信息的传达规律与文字信息大不相同，通常留有较广的想象空间。由于这种想象空间的存在，学生在阅读绘本时，必然会产生个性化的感受，写话教学可以基于学生的不同感受开展。正如陶行知先生所说："要解放孩子的头脑、双手、脚、空间、时间，使他们充分得到自由的生活，从自由的生活中得到真正的教育。"在写话教学中，教师鼓励学生将想象空间中的画面记录下来，以文字叙述的方式扩写绘本，使用优美的语句补充故事细节，能够有效培养其耐心观察的习惯，使其更加准确地找到写话的切入点。

例如，在统编版小学语文一年级下册《动物王国开大会》的教学中，教师可以融合日本作家五味太郎的绘本《鳄鱼怕怕，牙医怕怕》，要求学生细心观察画面内容，结合故事的发展补充场景描写或人物对话的语句，完成写话练习。《动物王国开大会》是一篇以动物为主角的童话故事，绘本同样采用童话的风格讲述了牙医与鳄鱼之间的"心理较量"，二者在讲故事之余，都揭示了沟通在人际交往中的作用，明确了"清楚表达"的重要性。在绘本中，两名主角的对话包含许多没有直接说出口的潜台词，需要学生代入故事中自主体会。于是，在写话教学时，教师可以将扩写对话作为练习，引导学生解读医生与鳄鱼的神态、动作，将对话中的未尽之意写出来。此外，教师要将医生与鳄鱼沟通的目的讲述出来，即二人互相表达善意后，各自抛弃恐惧心理，能够更好地完成治疗。理解这一点后，学生可能从鳄鱼角度写出"我虽然有锋利的牙齿，但不会伤害你，请你帮我把牙齿治好"，或是从医生角度写出"不要怕，治疗结束后，牙齿就不会疼了"等对话，将想象中医生与鳄鱼愉快相处的画面描述出来。通过扩写台词的方式，学生站在绘本角色的角度完成写话练习，同时也在对话描写中积累了人际沟通的经验。

（五）融合绘本内涵，开展续写练习

横向对比流行于低年级小学生之间的绘本，教师不难发现部分绘本在设计结尾时采用了开放式结局，给读者留下意犹未尽之感。因此，在融合绘本与写话教学时，教师可以基于绘本故事的内涵开展续写训练，带领学生分析绘本故事的结构与情节，以合理的语句补充结尾。例如，在统编版小学语文二年级下册《小马过河》的教学中，教师可以融合同名绘本，先带领学生细致地分析绘本故事的来龙去脉，再选择合适的角度续写结局，使学生写出逻辑通畅的语句。在绘本故事里，小马不知道水的深浅，不敢过河，在询问了他人的意见后，最终鼓起勇气自己尝试，顺利地过了河。这则寓言故事生动地讲述了"实践"的重要性，而过了河的小马，在以后的生活中会怎样面对未知的事物呢？语文教师可以将这个问题抛给学生，让学生想象"小马在经过灌木丛生的树林，不知道能不能跨过眼前的藤蔓"的场景，在写话练习中续写故事，证明小马已经领悟了过河时的道理。于是，学生可能写出"小马站在藤蔓前，轻轻跳了一下，发现自己能跳得比藤蔓高"等语句，得到合理的练习成果。这样一来，学生在写话时使用的思路与绘本故事高度契合，创作出的内容自然也就能够符合绘本的逻辑，与绘本故事形成良好的衔接，达到续写效果。

五、小学语文写话教学评价

（一）分层式评价

学生的写话水平是参差不齐的，当学生在完成写话内容时，教师会对学生所写的内容进行反馈，做一些指点和评价。评价在每个教学环节都是必不可少的，它能帮助学生意识到自己的缺陷与不足，从而指导学生有方向有目的性地去改正。那么，一个班级学生的写话水平不尽相同，教师就不能采取"一刀切"的方式、固定的套路去评价，要根据不同学生的实际情况提出针对性的评价，采用分层式评价方法可以根据不同层次的学生提出合理的评价。"教师要充分考虑到学生的个性差异和阶段特征，找准学生的最近发展区。"

对于写话内容有创新的学生，教师可以在课堂上对其进行表扬，在征求学生意见之后让学生与大家分享自己的写话作品，并说一说自己写话的好方法，这不仅可以起到良好的示范作用，让学生树立榜样，还能够激励学生认真完成写话任务。对于低年级的学生，学习榜样是他们学习的动力之一，小学生擅长观察与模仿，因此这种方式无形中也会激励其他学生，对于受表扬的学生而言，会帮助提

升学生自信心；写话水平中等的学生，可以达到写话的基本要求和标准，教师要鼓励这类学生多关注生活，学会观察，搜集素材，引导学生在原有的基础上有所改善。而对写话存在障碍的学生，教师可以根据具体情况对学生做个别指导，比如完全不知道如何遣词造句，不知道如何使用标点符号，找不到写话思路等，教师可以指导这类学生先学习组词、造句，并给他们安排一些简单的练习，帮助他们掌握最基本的环节，克服学习困难的障碍，这样才能帮助他们慢慢树立信心，从而产生对写话的兴趣。

（二）多角度评价

根据相关调查问卷显示，写话评价的对象主要是教师，教师评价可以起到很好的监督和辅导作用，帮助学生指出不足，但是评价仅仅依靠教师方式过于单一，使得评价存在一些局限性，因为教师是针对学生写话内容进行诊断性评价，评价的角度不够全面，所以就评价主体而言，写话教学评价的主体应多元化，以教师评价为主，其他主体评价为辅，这样才能全面地评价写话内容，给学生指导和启示。评价主体的多元化，包括学生自评、生生互评、家长参评等。鼓励学生在不同的起点都能够得到成功的体验，多渠道展示评价是在给学生创造更多的展示空间。

首先，学生是学习的主体，学生完成写话后，应自己对自己的写话内容做出评价，从审题立意、语言结构等方面进行反思，再尝试做出修改，这样有助于学生逐渐养成自我评价的良好习惯。学生还可以在班级里与同学相互交流，交换写话本。因为低年级的学生有时候在自评的过程中可能会忽视一些问题，同伴之间进行评价，学生会更乐于听取同伴的意见，这样也易于调动学生的积极性。除了和同伴之间的交流，课下的时候家长也可以发挥他们的监督作用，评价学生的写话内容。根据调查问卷，家长课下对学生进行评价辅导的比例较小，家长也是孩子的第一任老师，可以帮助孩子指出不足，或是给孩子鼓励。家庭教育与学校教育结合的方式更能促进学生写话水平的提高。评价主体需要多样化，评价的方式也需要多样化。在常规教学中，书面文字评价使用得较多，而其他的评价方式则较少。评价方式也是多种多样的，有口头的、书面的、划等级的、分数评定等。在课堂上对学生写话内容进行评讲时，可以采用口头讲评的方式，将写话中学生出现的典型案例进行分析。为了吸引学生的兴趣，教师也可以采用打等级和画图案的方式评价。因此，教师要根据学生的情况采用恰当的评价方式，这样评价才能发挥作用，帮助学生意识到自己的不足之处。

（三）重视学生写话过程的评价

大部分教师会把学生的写话作品收集起来，对已完成的写话作品进行评价，这是一种评价方式。那么，在学生写话的过程中教师也可以适当的给予评价，帮助学生找到写话的思路，纠正写话过程中的失误。有些学生在面对给出的写话主题时，没有任何想法，存在动笔困难的问题，这个时候教师不妨举一些例子，打开学生的思路，帮助学生找到写话的素材。还有一些学生没有领会题目的意思，审题出现问题，如果我们及时提醒学生，引导学生理解题目的意思，那么学生在进行写话时就会避免偏离主题这样的情况。在写话的过程中，学生所存在的问题就会暴露无遗，教师要善于发现他们在写话中的不足，针对问题再进行指导，帮助学生克服写话困难。部分学生不愿动笔也是因为在写话过程中遇到了障碍，通过自己的努力没有解决，在心理上学生可能会产生畏惧、抵触情绪。

比如，在部编版二年级上册中，让学生写一写自己最喜爱的玩具。大部分学生都有很多玩具，也特别喜欢玩玩具，但如何去写自己喜爱的玩具却写不出来。教师在课堂上展开交流时，有的学生就直接回答："我最喜欢的玩具是皮球，因为我喜欢玩拍球。"这样的回答太过简洁，在写话时这样一句话不能够充分描述"我喜爱的玩具"。教师可以引导学生回想一下自己喜爱的玩具——自己怎么获得这个玩具的，它的样子是怎样的，为什么自己喜欢玩这个玩具……学生就会根据这些线索进行写话。重视对学生写话过程的评价，可以在很大程度上提高学生的写话水平，避免一些失误。

第三节　小学语文作文高效课堂教学模式的构建

一、生活化作文教学路径

生活，是相对于生产而言的人类活动总称。狭义上是指人于生存期间为了维持生命和繁衍所必须从事的不可或缺的生计活动，它的基本内容即为食衣住行生活。广义上指人的各种活动，包括日常生活行动、工作、休闲、社交等职业生活、个人生活、家庭生活和社会生活。陶行知说过："生活就是有生命的东西在一个环境里生生不已。"所以，生活囊括人类的一切。生活化中的"化"在字典中的意思是：后缀，加在名词或形容词之后构成动词，表示转变成某种性质或状态。

生活作文是以生活世界为作文教学的出发点和归宿，以使学生获得适应社会所必需的一般写作能力为作文教学的基本目标，顺应和激发学生作文的真实思想情感需要，悦纳学生个人特征和思维特质，拓展学生的作文视野与表达方式，鼓励学生自主化地写出对生活的理解和实际需求，实现学生书面表达能力与其人格特征和思维发展水平之间相互促进、和谐发展的一种作文教学理念和教学策略。简言之，生活化作文就是创设人性化的写作环境，重视日常生活的点点滴滴，围绕生活进行写作。"生活化作文教学"将作文教学活动置于现实的生活背景之中，从而激发学生参与其中的强烈愿望，转化为学生的内在需要，让他们在生活中学习，在学习中更好地生活，从而培养其写作能力，获得写作知识，并使情操得到真正的陶冶。

（一）小学语文生活化作文教学特征

1. 突出学生写作的主体性

小学语文教师传统的作文教学模式是审清题意—范文引路—教写作技巧—学生自行写作—教师评改，这样的写作教学，教师完全掌控，学生不得不按教师的意愿进行写作，范文成了老师的救命稻草。老师认为范文所列举的实例很有代表性，要举这样的例子；范文里的描写很有特点，要注意不同描写手法的使用；范文的结尾很精彩，要记得在篇末总结全文点明中心。不可否认范文对学生的习作是有好处的，但是，教师如此范文至上是不科学的，学生的个人学习积极性受到打击，这样的指导无法形成习作能力。生活化作文以学生自己生活所见所闻为作文素材，放手大胆写文，描写自己的生活世界，珍视个人内心的感受，抒发真情实感，让学生真正成为写作的主人。

2. 写作过程的真实完整性

分数指挥棒下，面对作文的30分（小学），家长、老师、孩子谁都不敢怠慢，想方设法少扣分。支招的人也很多，但好招不多。就像关注全国高考作文的人很多，能写好高考作文的人不多一样。"背好词好句，拼凑作文""背优秀作品集，照搬作文"，这样的写作是暴力写作，完全不是基于孩子的真实世界来进行写作，孩子无法学会完整地记叙一件事情那也是情有可原的。这种压牛喝水的方法屡见不鲜，有的家长看见自家孩子反应慢，作文分数低，于是就逼着孩子背优秀作品，写作文就只有作家作品式的开头。背别人的作文，没有自己的亲身经历，能完整地写下来是不可能的。

3. 贴近学生的生活和体验

作文是对现实生活的反映，学生的作文应该贴近生活。可一到写作文，很多学生抓耳挠腮，苦思冥想，认为无事可写，无话可说。"只要你让学生用自己的话写自己的故事，他们就有无穷无尽的作文素材，不用教师在课上花那么多的时间'启发'。""语文与生活结合有多种途径，其中一条就是善于捉住学生所关心的事情，捕捉住学生关注的热点问题，因势利导，进行语文教学，进行读写。"在生活化作文教学中，老师乐于发现学生有体验的地方，有感觉的地方，从这些地方开始进行引导，学生定能有话可说。

4. 建立平等的师生关系

"语文课程标准"指出：学生是语文学习的主体，教师是学习活动的组织者和引导者。语文教学应在师生平等对话过程中进行。平等对话是一种尊重，随着学生年龄的增长，学生对老师不再百依百顺，老师的权威受到挑战，有的老师拼命压制，教得很累，学生当面顺从，背后怨恨，影响学习效果。建立平等对话，是互利共赢。生活化作文教学的活动，通过平等对话沟通，师生之间的关系更加融洽。

（二）优化小学语文生活化作文教学的具体策略

1. 明确小学语文生活化作文教学目标

从生活中来，言之有物。《义务教育语文课程标准（2011）》中作文教学要求：多角度观察生活，发现生活的丰富多彩，能抓住事物的特征，有自己的感受和认识；表达力求有创意。作文与生活息息相关，作文是生活的反映，是语文核心素养的体现，是写作能力的综合表现。能力的培养绝不是一朝一夕的事情。在学生写作前，教师应有意识地引导学生体验生活，仔细观察，用心感受。老师要善于发现学生的兴趣点，引导学生深入思考，积极进取，树立写作的信心。阅读是积累，写作是运用；阅读是内化，习作是外化。阅读和写作是相辅相成的。农村小孩受各种条件的制约，阅读的书籍较少。教师要为学生创造读书的环境，鼓励孩子们到校图书馆借阅图书，多读书，读好书，好读书，例如神话故事、童话故事、科普故事等。为提高学生的阅读水平，把一节语文课改为一节阅读课（固定时间），通过 PPT 展示，师生同读一本书。在阅读的基础上，进行仿写、续写，读写结合。每周一篇的读书笔记，摘录好词好句。课前十分钟时间开展读书比赛。把作文教学目标具化为学生生活的一个个语文学习活动。通过阅读，丰富学生阅历，提升思考能力，加强表达能力。

到生活中去，学以致用。生活和作文不是割裂开的，有人认为生活是生活，吃喝住行。而作文是作文，拿起笔来，摊开作文纸时才是写作文。作文教学的目标就是要懂得拿笔之前的准备。随着义务教育均衡发展，农村小学的学校活动丰富多彩，每个学期都举行一次大型体育、文艺活动，乡村少年宫课外活动也是丰富多彩的。在活动中，要学生说说谁表现最好，说说活动怎么样，唤醒学生去关注某个对象，关注自己的感受，要学生把参加活动的过程、感受及时地记录下来等，都是让学生把生活变成文字，养成运用文字描述生活的习惯。因为学生生病时要请假，所以也可以教会学生书写请假条。

2. 充实小学语文生活化作文教学内容

利用单元作文。无论是自 1999 年秋启用的苏教版教材还是 2016 年秋的部编版教材均以单元的形式呈现，每单元安排一篇作文，有一个具体的主题。单元作文作为写作训练项目是实现写作目标的载体。学生必须完成单元写作任务，教师必须完成单元教学任务。统编版的习作呈现方式有安排在阅读单元中的习作训练，也有每册独立编排一个以培养习作能力为主线的习作单元。这是统编教材的独特之处。

小学阶段的记叙作文类型主要就是四类作文：写人、写事、写物、写景。很多老教师这样总结：小学生只要会写人会写事这样的习作教学便算成功了。这也是有据可循。以统编版三年级的作文（共计 15 篇）为例：《猜猜他是谁》《我来编童话》《我们眼中的缤纷世界》《我有一个想法》《那次玩得真高兴》《我做了一项小实验》《写日记》《续写故事》《看图画写作文》《身边那些有特点的人》都是写人写事的文章，共 10 篇，所占比例近 70%。

单元作文的训练要长期有序地进行，教师要熟悉教材，灵活运用，结合学生的现实生活，来进行练笔，以完成小学阶段记叙文的训练。今年新学期开始，班里来了 8 个新生，同学之间进行自我介绍之后就让学生写《猜猜我是谁》的作文，让单元作文的训练确实与生活联系起来。统编版小学语文四年级上册第一单元的作文是安排在阅读单元中的习作训练。在《观潮》《走月亮》《现代诗二首》《繁星》四篇阅读教学之后，第一单元作文主题就是推荐一个好地方，是一篇写景的文章。机会是留给有准备之人的，教师下先手棋，在阅读教学中，让学生抓住写大海、夕阳、花牛等景物的方法，体会到写景离不开写物，从物体的形、声、色、动静态等多角度进行描写。

另外，联系学生的已知生活经验，小练笔写一写喜欢的景物，如花草树木、鸟兽虫鱼。课本，是学生最好的生活化范本。

合理扩展内容。不可否认的是，仅靠一学期 8 节的作文课是不能提高小学的作文教学水平的。因此，教师在实际教学过程中还应将教学生活化理论与学生的实际生活恰当联系起来。既丰富了教材中有限的教学内容，又能利用作文来充分调动学生了解生活、观察生活的积极性，主动将社会上看到的有关信息和自己日常生活联系成一个整体。另外，对于教师而言，还是坚持教师主导的作用。根据学生的年龄、心理、思维特征，补充并拓展教材内容。用生动有趣的生活小事丰富教学内容，使教学内容贴近学生日常生活，引起学生共鸣，从而激发兴趣和热情。

3. 重视小学语文生活化作文教学过程

借助生活实物，以观察储存作文素材。素材是指作者在现实生活中收集和积累起来的材料，对完成写作十分重要。素材经过作者的选择、提炼和加工写到文章中去变成了写作题材。在文章中，题材好比是血肉，与作为灵魂的主题一起构成文章。写文章就是客观的社会生活在我们头脑中的反映的过程。组织学生去观察生活实物，有意识地储备作文素材。没有观察就会闹出尴尬的事来。

在写作时，往往有这样的尴尬，同学之间朝夕相处，形影不离，但要求写朋友时，却无话可写。学校是学生学习的乐园，绿树成荫，花团锦簇，但要求写我们的学校时，却无从下手。这样的事情让语文老师哭笑不得。"尝试在习作中运用自己平时积累的语言材料，特别是有新鲜感的词句"，而写观察日记也是积累材料的好办法，是必不可少的手段。教师提出观察的任务，同时也有指导观察的责任。观察实物时要抓住特征进行观察，其被称为特征观察法。物，可以抓住它的颜色、外形、结构、功能等特点来观察。景，可以抓住它的颜色、声音、形态等特点来观察。人，可以抓住其外貌、神态、动作、品质等特点来观察。"发现大于观察"，在观察中激发学生大胆想象，发现事物的特征，丰富学生语言的表达力。观察的时候，除了用眼睛去看，还要用手去摸，用鼻子去嗅，用舌头去尝。这种多感官观察法有助于对事物进行全面了解，加深印象，全面认识事物。准备观察的工具，尺子、本子、笔，采用定量观察法进行观察，如在写文具盒时，用尺子量笔盒的长、宽、高。

借助生活场景，以强化学生的感官体验。在教学过程中，创设情境将有利于学生的学习。第斯多惠曾说过："教学的艺术在于激励、唤醒、鼓舞。"情境教学法就是教师根据教学需要有目的地创设具有一定情感色彩的、以形象为主体的生动的场景，引起学生一定的情感体验，有助于对教材的理解，促进学生心理机能得以发展的教学方法。教学情境，就是在教学中，教师制造一定的情感氛围，在一定的情感氛围中从事教学活动。

对于场景训练，可能老师会觉得陌生，其实它早已存在。在校园生活里有很多值得语文老师挖掘的精彩瞬间，但它们稍纵即逝。老师作为长辈，有很丰富的人生阅历和教学经验，每一个场景背后折射出的问题、反映的情况，都可以对孩子进行教育，进行写作训练。如男女生同桌分三八线，昨天有说有笑的姐妹花今天怒目相视，男同学抓毛毛虫吓女同学等，都可以让学生互相探讨、辩论，站在对方的角度去写文章，改变他们看问题的能力。

场景为我们的文章写作做了铺垫，创造了一个写作的氛围。"现场演示作文教学法"中所谓的"现场演示"，就是指通过事先设计好的并请同学们一起参与的活动或游戏，给他们造就一段生活，然后再请他们立刻记下这一段所见、所闻和所感。如果课堂设计使学生放松，有趣而且有细节可寻，那么此后以记叙的形式写作，绝对不是很困难的事。在指导学生写一种可爱的小动物时，就采用"现场演示作文教学法"进行教学。带两只雏鸭来学校给学生观察，在同学观看鸭子的外形时，它突然从高高的讲台上摔到地上，"哇"之后教室一片寂静，然后"唧唧"的雏鸭叫声让教室一片欢呼。课间，把鸭子从箱子里拿出来，两只鸭子一点不怕生，还有一只鸭子一直跟着一个女生，其他同学都笑了。学生对小鸭子的喜爱之情骤然增加，于是一篇篇生动的文章诞生了。这种"现场演示作文教学法"还能积极唤醒学生的原有生活体验，同时，这种共同的体验，共同的写作经历，对学生写作水平的提高有积极的作用。

借助生活事件，以陈述理顺作文线索。作文线索就是写作思路，作文线索可以看出对事件的了解程度，线索分明，文章思路清晰。记叙文是小学生学习的重要内容，其中的叙事作文是很重要的记叙类作文，叙事线索有以时间为线索来进行文章的布局谋篇，也有以空间为线索，以物件为线索的。有一次，学校发生了一件校园欺凌事件，学生上传其视频，闹得整个学校沸沸扬扬的。当我询问我班学生时，他们都能把当事人的名字准确说出来，把事情的来龙去脉描述得准确无误，最后还跟我讲这个人以往的品行是怎样的。学校因为此事在全校师生大会上进行点名批评，欺负人的孩子被请到主席台亮相，同学们看着他们在台下议论纷纷。我抓住这次契机，让孩子们围绕这件事写作，最后，同学们写出了《发生在校园里的一件事》《你不应该这样做》《校园欺凌真可怕》《他做错了》。

借助生活感悟，以议理训练学生思维。写作是一种集思维、情感、观察、想象、操作、记忆为一体的高级神经活动。它有着极大的知识迁移性和灵感突发性。或者说，它带有一种目前科学分析上难以觉察的悟性。谈到生活感悟，很多老师会认为小孩子年龄小，感悟不深刻。其实是成年人爱用世俗的眼光来衡量孩子。周国平说，每一个孩子都是天生的诗人，每一个孩子都是天生的哲学家。的确，孩子的直觉思维比成年人更容易接近生活本真。生活感悟虽看不见摸不着，却无处不在。老师要在现实生活中发现感悟点，引发学生思考。一次，50米接力赛张力掉棒导致班级没有进入前三，班里的同学纷纷对张力不满，张力因此哭泣不止。此时，教师让学生理解运动会的宗旨（友谊第一比赛第二），进行换位思考，在进行一番理性思考后，同学们在作文里写道："张力，对不起！希望你能原谅我们，你为了比赛，每天都积极练习。我们不应该责备你。"

借助生活探究，以合作促进学生民主。以"小组合作探究"模式，让学生将自己进行的观察与生活感悟，在小组中交流探究，共同学习进步。生活探究既注重个体性，也注重集体性，两者有机结合。这样的合作学习，能消除学生交流时的害羞感，将有助于学生在写作时进行交流。以小组竞争的方式，能提高学生的竞争意识与团队意识。要营造一个民主的学习环境，教师要求学生组长要带好头，不能对组员进行语言攻击、不能歧视，要团结合作，把老师布置的任务完成。要鼓励组员独立思考，在思考之后才进行合作探究，在探究时允许有不同的意见，教师要做更细致更耐心的引导分析，使学生掌握作文的知识与技巧。教师要和学生一起营造民主的学习环境。教师的主导作用并不会在合作教学中被抹杀，一个有经验的教师，是愿意做课堂背后的高手，看似无用，却是背后的推手，教师在课前必须认真备课，有一份明确详细的安排，教师"站"在学生背后，是为了让学生更好地发挥，激发学生的潜能，让学生学会自主学习。

二、创意写作教学路径

（一）创意写作应用于小学语文作文教学的可行性

义务教育语文课程标准在语文课程的基本理念中强调要爱护学生的好奇心、求知欲，充分激发学生的主动意识和进取精神。小学作文教学的目的在于培养学生的观察能力、想象能力、表达能力和逻辑思维能力。而创意写作正是一种以生活为依托，引发学生观察、思考，提高学生感受能力和写作兴趣，表现真实生活、表达真正自我的教学模式。创意写作把激发学生写作的热情作为主要目标，通过引导、交流、写作、分享、修改、发表等六个步骤，克服学生对写作的恐惧。创意写作的核心概念是贴近生活，创意写作的培养目的是帮助学生打破陌生感，消除写作恐惧感，提高对生活与情感的感受能力，引导学生从敬畏害怕写作到和写作交朋友，鼓励学生"开始写""写你知道的""写你想写的"，通过写作袒露心声、表现生活、表达自我，逐渐养成用文字记录生活，用文字整理思想的习惯，做一个有心人。

将创意写作应用于小学作文教学是为了发现、鼓励、培养小学生满足日常生活需要，形成真实且有创意的书面表达的教学设计。创意写作实践的终极目的是个人成长，写作不是成为他人，而是表达自己内心真实的想法，成就自己。这与"教育是培养人"的观点不谋而合。

1.创意写作可以弥补传统小学语文作文教学的不足

从当前小学作文教学现状来看，传统的小学作文教学长期在一种"无为而治"的观念下处于混沌状态。学生对作文学习没兴趣、没动力，作文缺少素材和真情实感；教师则在作文指导与陪伴、题目设置和评改展示等方面有所不足。中国传统的小学作文教学以文章教学为主，以年级为节点，从文体的不同来进行划分，小学大多是教授记叙文，到了中学大多是教授议论文。而教师在写作教学的授课过程中也是将记叙文和议论文的写作方法以理性的、理论化的方式教授给学生，比如记叙的顺序、记叙的题材、叙述的快慢、材料的取舍等。在传统的小学作文教学中，教师常常口干舌燥地将这些理论和定义讲给学生，然后要求学生进行命题或半命题作文，所以在传统的写作教学中经常会出现作文课空洞无趣、难理解难动笔的困境。中国传统文章写作教学目标在于文本分析，旨在使学生理解作家写作文章的意图与表现手法，教学过程常常是教师"一言堂"地来讲述文章写作的特点、作家写作的方法，这本身就与学生写作的身份不符，又因太过于理论化、空洞化，造成了课堂的枯燥无味。

而从西方创意写作工坊改进而来的创意小组，可以提高小学生的创作兴趣，培养创新思维。创意写作小组帮助学生从一人一笔一作品的孤独创作中脱离出来，通过小组分工合作，学生从自己的想象和团队的沟通中获取灵感，并使之变成共同努力的作品时，学生就感受到了创作的乐趣，对写作有了持续下去的动力。在团队合作的过程中，教师始终以平等的姿态陪伴并指导学生的创作过程。创意写作的教学形式多样，从不缺乏写作素材。它不拘泥于课堂和学校，除了有创意小组外出采风、暑期训练等团队学习，还有多样的绘本教材、创意体验和创意活动，从多个方面打破学生的思维禁锢，培养学生"发现美"的眼睛。

2. 创意写作更符合小学生身心发展规律

从教育心理学的角度分析，小学正是学生思维能力与想象能力发展的关键期，这一时期的创意写作不仅要提高学生的写作能力，还担负着培育小学生的创造性思维品质的使命。

创造性思维是指以新颖独特的方法去解决问题，并产生首创的、具有重大社会价值的思维成果的思维过程。创造性思维将发散思维和集中思维有机结合，通过创造想象的积极参与，呈现出新颖性的突出特征。"文学艺术创作活动中，人的感知、欲望、情感、想象、理智等一切心理机能都处于兴奋、活跃和开放的状态中，人的精神力量全面展开。"因此，创意写作的显性形式是文字（即符号编排），隐形形式是创意思维活动。创造性思维可以借助训练优化，即写作者可以通过与写作直接相关的创造性思维训练，反思自我心理结构，清理个人意识、无意识和集体意识之间的阻塞，打通记忆、联想和想象通道，拓展思维的深度、广度、纬度与敏捷度等方式，重建一个积极的认知与反应模式，获得"会写作的大脑"。

创意写作引导学生在有利于创造精神形成的团队活动氛围中，感受"心理安全"和"心理自由"，保护学生的好奇心，激发学生的求知欲和创作欲。通过多学科互动和系统的写作项目加强发散思维和直觉思维的写作训练。在创意体验中激发和捕捉灵感，培养创造型人格。同时，良好的情绪情感对学生的作文学习有着激发功能、维持功能和促进功能。创意写作教学过程中教师从领导者转变成促进者，转变教学组织形式，围绕着学生的情感活动来组织良好的创作氛围，引导学生进行发现学习和合作学习，鼓励学生的自我表现，赋予每位学生强烈的归属感，鼓励学生相信自己。根据学生的心理发展规律控制教学进度，循序渐进，激发学生的创作兴趣，增强学生的写作动力，促进学生认知能力和创作能力的发展。

（二）创意写作在小学语文作文教学中的应用策略

1.建立创意写作小组，共享多样写作素材

国外的创意写作教学多以创意写作工坊为依托，把传统的写作课堂变成写作工坊，类似于好莱坞的写作流水线，除了小说、影视剧本，还有散文、非虚构故事、虚构故事等多个工作坊。大家围绕创意，以团队合作的方式讨论框架，并分工合作完成。这种创意之举颠覆了传统一人一笔的写作模式，自1987年爱荷华大学设立创意写作工坊以来，培养了大量的作家和创新型人才。创意写作小组是把学生分成写作组，每组6~8人。分组不一定是座位临近的同学分为固定组，也可以自由结合。围绕创意写作训练项目，通过创意讨论、作文起草、组内修改和分享作品四个环节，共同完成写作训练。创意写作小组强调自由，在创意讨论阶段，学生可以围绕教师提供的问题和材料，快速把交流之后的想法或者观点写下来，没有字数限制，不要求语法和书写正确，也没有文体的规定，力求使学生头脑中的每一个灵感都被记录下来。

小组讨论阶段，学生可以通过讨论将大家的创意记录下来并进行筛选，展开形成作文的基本框架或思维导图。接下来的组内修改环节，每个学生在小组里朗读自己的作品，同组同学可以共同讨论作品的优缺点，给出组内评语，并提出修改意见。这样既尊重了学生的写作创意和个性，又尊重了写作可以训练和讨论的创意写作教学的基本理念。老师在以鼓励为主的基础上，适当从旁给予引导和建议。最后的分享作品环节不再局限于课堂评讲，还包括了多媒体展示、教室展览、自媒体推送和出版印刷等多种方式，目的在于对学生的写作兴趣进行长期的激励与维持。创意写作小组教学可以由项目或活动带动，全体成员都参与其中。小组教学灵活方便，不再拘泥于课堂和学校，可以进行外出采风、暑期培训等团队学习，它打破了传统课堂在时间和地点上的束缚。团队合作的方式也更符合小学生与同龄人沟通交往的心理发展需求。创意写作小组能够营造出轻松与和谐交流的氛围，在这样的氛围中更容易让学生表达自己的真实想法，在发挥自己个性的同时把生活和写作结合起来，真正做到有料可写。在面对初次接触创意写作的学生时，教师可以通过设置一些简单有趣的写作游戏，来促进各个小组内部成员的相互了解，形成良好的讨论氛围和团队核心力。

2.创意写作与多学科互动，培养学生创新思维

写作是一种以文字为载体、表达作者思想情感的艺术形式，其本质与绘画、音乐、舞蹈、戏剧等艺术形式并无不同。将创意写作与其他学科进行互动学习，不仅有利于提高小学生对写作的兴趣、打破作文教学的陌生感，同时可以与其他学科形成良好互助，帮助学生拓展思维，同时激活大脑的两个半球，形成综合型和创新型的写作意识。以邦妮·纽鲍尔的《会写作的大脑》为例，这本教材以绘本为依托，将数字游戏、音乐感受、剧本编写、戏剧欣赏融入创意写作教学中，融合了美术、音乐、戏剧、自然、数学等多个学科内容，无论从创作形式还是创作内容上，都对扩展学生写作思路、开拓学生创新思维有一定影响，也有利于学生的思维和想象能力的发展。著作还借用了教育学、心理学、创意学等学科中常见的方法，比如头脑风暴、心智图法、曼陀罗法、逆向思考法、综摄法、强制关联法、"七何检讨法"等，巧妙安排写作任务，让构思之脑与写作之手、思维运动与文字写作合二为一，写作训练即思维训练，写作与创意结合，突破障碍，激发潜能，最后"想写""敢写"。

青山绿水七彩虹，大千世界并非黑白片。风声雨声流水声，文字世界又岂能默默无声？莺歌燕语、风鸣雷吼，万籁听吹奏；竹喧风吟、虫鸣蛙唱，声声总关情。声音是世界上最美妙的东西，虽无形无影无踪，却可以直击人心，移神动心。将音乐、声音融入创意写作教学可以拉近与学生的距离，利用听觉刺激打破学生对于文学创作的陌生感，增强学生对音乐和语言的节奏与重音的理解，引发学生对"如何产生情感共鸣"的思考，进而激发学生的写作兴趣和创新思维。

3.建设系列写作训练项目，有序提高学生写作能力

写作是一种创造性的表达，小学阶段的学生都拥有爱表达的天性。很多学生并不是真的不喜欢写作，而是被一些缺乏生气和活力的命题束缚住了。曾有一线教师请教温儒敏先生，小学生对作文没兴趣、怕写作文怎么办？温儒敏先生强调："不要要求过高，不要照搬应试作文那一套。让学生放手去写，写出来再逐步去引导。有兴趣就好办，欲速则不达。"传统小学作文教学缺乏系统性和创造性，创意写作教学在训练项目设置与实施的过程中有效避免了这一问题。创意写作一般不命题，不指定写法，也不限定时间，最大程度上给予学生创作自由，让学生从框架中脱离出来，当学生从自己的想象中获取灵感，并使之变成自己的作品时，学生就感受到了创作的乐趣，对写作就有了持续下去的动力。从小学创意写作教学两方面入手，对提高学生的写作能力进行系统的训练。

一方面进行写作内容相关的练习，引导学生打好写作基石。从搜集素材、确定主题、设置情节、环境描写、人物刻画，到词语训练、表达方式、问题转换、阅读视野的基础训练，帮助学生从巧妙运用词语、转换表达方式和扩大阅读视野等步骤中，一步一步学会进行完整写作并使作文生动有趣、不落俗套。

另一方面通过设置情景模式和真实具体的感受，训练听觉、视觉、嗅觉、味觉、触觉、运动觉、平衡觉、空间觉、时间觉及纠错觉等内容，发展感知的敏锐度、准确性，也为人物形象塑造做移情、替代式想象的准备。小学创意写作教学的关键在于创意生成。在打好基础的前提下，创意写作教学还结合小学生心理发展特点，借鉴教育学、心理学、创意学等学科的教学方法，设计校外采风活动，将抽象的文字表达通过真实的生活体验展示出来。

从模仿入手，通过观察和想象，拉宽作文与其他学科交互的写作宽度，最后进行修改与推广。写作本身是一种螺旋式上升、波浪式前进，将同一类相似却又不完全相同的练习进行间隔性的反复操作，会使学生在创作中感同身受。在这一生成过程中，学生会感受到写作的每一环节的重要性，在每一个环节的训练中又设计了循序渐进的教学目标，使学生的作文学习有方向、有底气。

4.转变作文评改方式，有效激发写作兴趣

契诃夫曾说："写得好的本领，就是删掉写得不好的地方的本领。"可见好文章是改出来的。传统作文教学经常是教师打分批语的"一言堂"式批改，扼杀了孩子的创造力与积极性。写作教学应该充分给予学生修改作品的自由，教师只是引导者和陪伴者。小学创意写作教学首先强调作文批改的方向，是要保持学生写作的真心，维护学生的想象力和他们本真的语言特色；其次注重作文批改时小组内互改和批改后学生自己再修改，小组内互改可以发现别人的优势与不足，自己再修改可以帮助学生认识到自己的缺失，真正提高作文水平，形成良好的作文修改习惯。修改的基本过程以学生小组互改为主要形式，教师把握好评改方向，列出修改清单，明确评改标准。小组内根据标题、立意、情节、语言等多维度的修改清单进行互改，并给出评改意见。教师则以评促改，根据学生评改意见给出作文等级，并进行适度点评。最后学生以写回批的形式，在自己的原文上进行修改并写出修改心得。所谓"当局者迷，旁观者清"，让学生互改作文能够提高学生对作文的判断能力和审美能力，从对他人习作的评改过程中反省自身的写作问题，更客观也更理性。

在评改作文中要注意：首先，学生心中要明确本次的写作要求；其次，需要

准确地判断出文章的优势与缺陷，学生要品味文章的立意、结构、手法和辞藻，字斟句酌，"见贤思齐焉，见不贤而内自省也"。这些能力不是天生的，也并非一蹴而就，需要引导学生不断地进行强化训练。而教师批改环节则最为轻描淡写。教师只需要把握写作的大方向，对习作的精彩之处给予肯定，参考小组批改意见填写评改等级。教师在作文讲评时也应该注意避免泛泛而谈、重点不够突出的通病。学生被动接受评价就容易无动于衷，造成讲评收效甚微。

此时，教师的主要任务是迅速而准确地找出典型习作进行对比，做好有的放矢的有针对性交流讲评，明确作文讲评的主题。在讲评前，根据作文要求和学生写作实际情况确定一个中心，集中解决选材构思、谋篇布局、组织表达等某一方面的具体问题，这样的讲评会更有针对性和实效性。作文评改的最终目的在于帮助学生明白如何自我修改，批改是为了帮助学生反思，通过审视他人作文的优缺点反思自身写作中出现的问题与不足。通过互批讨论怎么写更好，是对写作方法的主动探究，对学生的写作形成内部刺激。师评环节则是对学生评改的大方向进行把握，引导学生形成真正意义上的文学审美。同时教师需要引导学生，少关心分数，多关心他人的评价，根据老师的讲评反思本次作文中出现的问题，在原文上进行修改，并在文后写上自己的感想。

5. 多形式展示学生作品，维持长期创作动力

评改后的优秀作品展示是创意写作教学独具特色的环节。酒好也怕巷子深，信息时代的写作不能被动依靠别人的发现，而要主动地展示自己。让学生的作品有发表园地和广泛的读者群，才能激发并长期维持学生的创作动力。在互联网时代下成长起来的小学生对现代技术有着敏锐的感受力，我们应该让科技引导学生的发展，而不是将网络视为洪水猛兽般地把教育与时代划出一道鸿沟。将创意写作教学与现代教育技术相结合，可以提高学生感受力、拓展学生视野、积累写作素材。小学创意写作教学通过"作品自荐墙"、创办校刊班刊、出版学生作品集和微信公众号推送等多种展示渠道，帮助学生建立读者意识、形成读写互动，从而产生爱写想改的创作内驱力。同时，师生的联系与沟通也会更加方便。比如建立网上讨论群组、创意写作小组作品展示网站、微信公众号和电子刊物，大家可以及时在课堂外交流沟通，分享创意写作成果。在创意写作教学中，现代教育技术优势明显：

第一，通过现代教育技术，可以训练学生创意思维。创意来源于思维的发散，学生要打破头脑中僵硬固化的思维方式，学会从另一个角度去看问题。打破传统

写作教学课堂上教师填鸭式的讲授，利用新颖的现代教育技术，通过动画、视频、图片、音乐等多维立体的展示与互动，对于打破学生固化思维、刺激学生创意灵感有着重要作用。用新的教育技术才能培养新型创新人才，这正是现代教育技术进入创意写作课堂的必然原因。

第二，运用现代教育技术，可以帮助学生积累写作素材。创意写作教学就是要改变传统写作教学对于作文题目命题老旧、作文内容虚构的现状，利用现代教育技术将大量的视觉和听觉刺激，对直观现象进行简便快捷的反映，帮助学生身临其境地体验和感觉人或事物的色彩变幻、声音变化中所包含的形象特点，引导学生融入实时景象中的情感氛围，最终实现教学过程因情而发、由情入理，达到情感教育的教学目标，实现写作表情达意、为情而言、字字凝情的作用。利用形象生动的现代教育技术，可以提高学生的感受能力、挖掘学生的想象力，最终为言之有物的非虚构写作提供物质基础。将现代教育技术应用于小学作文教学，不仅符合小学生更容易接受图片、音频、视频等声光色的多重刺激，而且能够打破时间和空间的限制，将人、事、物生动具体地展现在学生面前，为他们提供丰富的写作素材，开辟多向立体的思维通道，促进学生观察力的形成、感受力的增强、审美能力的提高。

第三，运用多媒体创设情境，可以激发学生写作兴趣。写作兴趣是直接推动学生作文的强大内动力，要提高学生的写作能力，就必须培养学生的写作兴趣。在作文指导阶段，教师通过录音、录像、投影、幻灯片等多媒体手段，利用音乐达成情感共鸣、通过录像记录学生活动、利用视频讲述故事。这些媒体材料往往都具有丰富、直观的表现力和感染力，将文字、声音和图像直观地展现在学生面前，给学生提供具体可感的形象，充分调动学生的视觉、听觉等多种感官，将情感、记忆、体验交融于创意写作课堂之中，从而提高注意力，开阔视野，激活思维，激发写作兴趣。

第四，运用现代教育技术，可以全面地进行评改交流展示。创意写作教学强调以学生为主导，学生互改、教师指导。利用现代教育技术，可以进行线上交流答疑和课堂实时评改。甚至通过多媒体教学将学生文章投屏，由全体师生共同修改。它打破了传统文章写作教学中写评分离造成的教学反馈困境。利用现代教育技术也可以将创意写作课堂和创意写作教学成果制成相册记录下来，并展示在下一次教学中，形成新的写作素材。

6. 推进创意写作家校共育，实现创作过程指导陪伴

小学阶段正是学生身心成长和健康发展的重要阶段，这一阶段的学生与家庭和学校的联系同样密切，家庭教育与学校教育相辅相成、缺一不可。家校共育可以将家庭教育的实践性、灵活性、一贯性和学校教育的智能性、系统性、阶段性紧密结合，实现优势互补，共同促进学生的身心健康和知识水平的发展。

将创意写作教学和家庭教育结合起来，形成创意写作家长群，共同交流探讨。由家长陪伴写作过程，在游戏、实验、观察的过程中激发创意，让家长及时了解学生身心发展状况。家校共育与创意写作教学相结合不仅仅是学生学习的过程，更是家长与孩子亲子互动的过程。家校联合减轻了教师压力，也推动了学生与家长的沟通交流，更促进了学生身心健康发展与创新创造能力。创意写作教学注重对学生创作过程的陪伴，在创作当下及时给予学生支持和点拨，化孤独创作为陪伴支撑。这种陪伴不仅仅是教师对于表达技巧、写作方法的技术指导，更是在观察发现的过程中及时地关心和帮助。这种陪伴只有教师利用课堂时间是不够的，还需要家长及家庭教育的积极配合。小学生的身心发展还不够完善，心理上对父母的依赖程度较强。有父母的陪伴和鼓励，学生在创意写作方面会更有信心。但父母对创意写作的熟悉度和了解度不高，需要教师经常开展关于小学创意写作的交流沟通，使家长理解创意写作教学、配合创意写作活动，在观察和实验中形成良好的亲子陪伴。这不仅能提高学生的写作水平、培养学生的创新能力，还能营造良好的家庭氛围、促进学生的身心健康成长。

（三）创意写作在小学语文作文教学应用中的建议

面对已经暴露的问题，我们不能忽视，更不能掩盖。寻找解决问题的方法，对创意写作在小学作文教学应用中出现的问题提出针对性的意见和建议，才能更好地推动创意写作融入小学作文教学，才能真正提高学生的写作能力、培养学生的创新思维。

1. 教师革新教学观念，主动学习创意写作教学

传统文章写作教学在小学作文教学中的弊端逐渐显露，教师必须走出自身教学的舒适圈，才能找到小学作文教学的新思路新方法来解决这些问题。而且，培养语文素养和"拿高分"并不冲突。近年来的高考作文阅卷改革已经给出了明显的风向标，套式作文和吸引眼球的文艺腔已经普遍引起反感，拉不开分距的趋中率畸高现象也受到关注，过去的作文应考手段已不再是万能的了。换句话说，想要真正提高学生的成绩，将创意写作的理念渗透到当下的作文教学中去，让学生

摆脱束缚放开来写，写出富于青春气息的真情实感的文章，才是可行之道。"读书养性，写作练脑"，写作训练的背后是思维训练，想要写作能力好，必须要加强思维训练，创意写作就是将创造力与写作能力融为一体的教学活动。小学阶段学生的思维最为活跃，好奇心和求知欲也最强，教师要多研究创意写作教材，体会创意写作的教学理念，重视作文训练背后的思维训练，把握好学生心理发展的关键期，充分激发学生想象力和创造力，主动学习创意写作教学，形成系统的小学创意写作教学知识体系，这样才能真正指导学生循序渐进爱上写作、学会写作、提升写作能力。

2. 学校统一安排培训，合理规划教学进度

学校对创意写作教学的重视和支持，是小学创意写作教学发展的重要条件。学校教育的关键在于学校的教学理念，以及对教师和学生的要求。不同的教学理念和教学环境下会培养出不同的人才。想要减轻小学生的课业负担，除了客观减少作业布置，还要把机械重复的作业内容转变为实践性创新性的乐趣活动。创意写作集文化创意、审美培养、思维开发和作文能力提升为一体，真正符合"育人"的教育理念。学校可以利用寒暑假组织教师进行小学创意写作教学的集中培训，帮助教师了解创意写作，形成系统化的创意写作教学观念，推进教师对小学创意写作教学的理解与运用，为小学作文教学注入新鲜活力，提高学生写作能力，形成独特的校园文化和学校竞争力。这样既提升了教师教学能力，又保证了创意写作应用于小学作文教学的统一性。同时，面对参差不齐的教学进度，学校可以挑选骨干教师组成创意写作教学研讨组，对小学创意写作教学的教学目标、教学进度、教学方法、教学内容以及教学水平评价标准进行统一规范，保障创意写作教学的连续性和整体性，保证教学水平和教学质量。

3. 科学制定教学项目，开发本土创意写作教材

创意写作教学作为近几年由国外引进的作文教学理念，其内容、方法和教材必定不会完全符合中国作文教学的实际情况。虽然中国创意写作的学科建设已经打破"作家不能培养"的中文系偏见，但在处理好继承与创新、创意与写作、文学性写作与非文学性写作等问题上，仍需不断地进行实践与研究。我国创意写作在高校发展和建设的速度较快，上海大学已经拥有第一个博士点，但创意写作应用于小学作文教学的发展速度缓慢，还需要一线教师在系统理解并掌握创意写作教学理念的基础上，借鉴国外小学创意写作教材与实录，结合我国当前小学作文教学的实际情况，积极开发适合我国小学创意写作教学的教材。青少年心理发展

具有顺序性、阶段性、不平衡性、不稳定性、可变性、差异性等特点。结合这些心理发展特点，关注学生当前的学习状况并为其进一步的发展创造条件，科学制定教学项目，博采众长、融会贯通，才能使小学创意写作教学落到实处，解决当前我国小学作文教学中出现的问题，提高学生写作能力。

4. 密切联系家校共育，加强外部条件支持

将创意写作应用于小学作文教学，离不开学校的支持与帮助。创意写作与小学作文教学不是对立的，而是相辅相成的。创意写作教学帮助学生学会写作，真正提高写作兴趣和写作能力，作文成绩当然会得到提升。作文成绩的提高。也会成为学生进行创意写作的动力，鼓励学生进一步学习。同时，创意写作教的不仅仅是作文，更是思维方式和创新意识。这对于其他学科学习也会有实质性的帮助，对于学生今后的人生发展也会有所影响。学校应始终秉承"育人"的初心，不仅提高学生的学习成绩，还要帮助学生健康成长，培养学生全面发展。将创意写作应用于小学作文教学，还需要家长的理解与配合。小学生的身心发展尚不完善，处于习惯和性格培养的关键期，其创作过程需要陪伴与及时指导。

当前在我国小学创意写作教学过程中实现教师的全程陪伴是不现实的，而家校联合是解决这一问题的有效途径。学校教育具有模式性、阶段性和系统性的特点，家庭教育具有实践性、一贯性和灵活性的特点，创意写作教学可以利用家校联合的方式关注写作过程与创作陪伴。这样既有利于为学生的创作过程寻求帮助和指导，又可以解决教师时间紧陪伴难的问题。学校可以组织教师对家长进行集中培训，由家长组成陪伴小组，在创作环节给予及时的支持与鼓励。同时可以利用互联网技术建立"网络家长学校"或者"创意写作家长陪伴群"，定期举办创意写作家长交流会，引导家长理解并支持创意写作。向家长们传授科学正确的创意写作教学理念，提高家长自身素质，将陪伴过程中遇到的问题进行集中讨论，由教师统一解答，然后再通过家长正确指导孩子。这不仅保证了对学生创作过程的关注，也解决了写作过程陪伴中家长和教师的时间冲突。

利用互联网不仅打破了写作过程陪伴时间和地点的限制，还可以有效缩短不同家庭环境下教育水平的差距，有效解决学生在创作过程中出现的针对性问题。除了家校共育，小学创意写作教学还要及时寻求外部条件的支持，将教学成果和学生作品推送到大众媒体进行展示，比如公众号、微博等。也可以把作品印刷成刊，以一年一至两本的方式记录学生的成长。这些做法虽然需要学校和家长资金等各方面的支持，但对于记录创意写作教学成果、提高学生的创作热情与写作兴

趣的意义非凡。

三、小学作文仿写教学路径

（一）小学作文仿写的意义与价值

1.小学作文仿写的独特意义

（1）仿写契合新课标对习作的要求

新课标对小学习作的要求。新课标对小学作文分段做出了要求，如下所示：一、二年级的写作目标为写话。在小学低年级阶段，写作的要求是让学生对写话有兴趣，能通过写话表达自己对身边所见所闻的想象与感想，并且学会在写话中正确地运用标点符号。三、四年级的写作目标为习作。这个阶段的习作要求则在写话的基础上有所提高，但同样也要求学生乐于表达，写出自己所见所想。这个阶段要求学生在习作中累积有新鲜感的词语，并且能不拘泥于形式地写出学生自己觉得有趣、印象深刻的内容，学会分享自己的习作内容给别人，并且能够对作文进行自我修改。五、六年级的写作目标同样也是习作。但对比之前两个阶段，这个阶段的习作要求则更高，除了标点符号的正确运用，还要求写出纪实文和想象文，并且能与他人交换修改习作。同时，也要求高年级的学生有意识地丰富自己的见闻，养成留心观察周围事物的习惯，明白写作是另一种表达自己的方式。综上所述，新课标对于小学阶段的习作要求是层层递进的，这不仅符合小学生的心理发展需求，同时也促进了小学生习作水平的提升。新课标对小学习作的要求从写话上升到自主写作，从逗号、句号的运用上升到标点符号的灵活运用，并且从始至终强调写出学生自己的所见所闻，表达真情实感，同时养成观察周围事物与累积素材的良好习惯。

仿写契合新课标对小学习作的要求。新课程标准根据小学生的发展特点，把小学生分为低年级学段、中年级学段及高年级学段，并且循序渐进地提出各阶段不同的习作要求。同样地，仿写也根据小学生的发展特点，分为低段、中段和高段三个阶段的仿写，分别划分成低学段仿句子、中学段仿段落、高学段仿篇章，所以，仿写是契合新课标对习作的阶梯性要求的。仿写对于小学生来说有着极其重要的意义，只要根据小学生心理发展的特点出发，采用合适的仿写训练手段，便能大大激发小学生的写作兴趣。

小学低学段——句型仿写。新课标对于小学一、二年级的要求是写话，在写话中运用逗号、句号，并能通过写话来表达自己所见所闻。小学低学段仿写就应是处于遣词造句的阶段，对于刚起步的写作学习有着重要意义。所以，教师在把握低学段学情的基础上，在仿写教学时便应采用给予例词或例句的方法，要求学生相应地进行仿写。低学段的仿写难度不可过高，字词句的仿写能够灵活运用则较为适当，这样才能为低年级的写话习作铺垫基础。在小学一、二年级中，通过字词句式的仿写，可以锻炼学生的思维逻辑能力，同时也能加强他们运用语言的能力。字词是小学生写作时最基础的构成单位，通过仿写字词，便能累积字词，增加他们的词汇量，这样在写作时才能够有所可写。对于小学生来说，特别是对低年级的学生来说，他们掌握的词汇量较少，想要灵活地运用字词写作的能力也是有限的，所以正处于语言学习初级阶段的小学生常常会感到写作困难，而仿写便是解决这一难题最好的方式之一。在实际教学中，一般都是用听写或抄写的方式为仿写打下基础，然后再进行仿写，可以是有格式的，如 AABB、ABAB 式的仿写，还可以是根据提示来仿写的，如写出表现风景秀丽、人物性格、情绪等词语。这样一来，便可以夯实小学生的词汇基础，加强他们自如运用字词写作的能力。其次，对于句式的仿写也至关重要，句子是文章构成最基本的单位，是写作时必不可少的部分。

此外，句式仿写还有更为详细的分类，可以划分为嵌入式仿写、续写型仿写、命题式仿写。嵌入式仿写一般是把整个句子中的某个部分挖空，留出空格来给学生仿写；续写型则是在提供范文的末尾留空，续写一个或者多个句子；而命题式仿写则是给出整个句子，按照要求与内容仿写整个句子。对于小学生来说，从嵌入式仿写和续写式仿写，过渡到命题式的整段仿写，也是一个循序渐进的过程。仿写句式，让小学生掌握句式的基本规律，让他们通过句子来表达既定内容，句式的仿写能提升小学生联想、想象和创造等方面的能力。

小学中学段——段落仿写。新课标中，对于小学三、四年级的学生要求是能不拘泥于形式地写出学生自己觉得有趣、印象深刻的内容，累积词语，乐于表达。所以，小学中学段仿写则可建立在低学段的基础上，适当地加大难度，过渡到对段落的仿写，这同样也符合新课标的要求。

仿写段落结构，能够提升学生构思作文、构建结构的能力。对范文段落的仿写，可以是仿结构思路，如总分总、总分、分总等结构就值得学习，教师可根据实际的写作需求，给予合理的范文来让学生进行仿写；此外，还可以仿文章立意，仿立意并不是说照搬照抄，而是在模仿范文的写作思路基础上，融入自己的想法，表达自己的见解；再者，还可以仿文章的表现手法，教师可根据需求给予样例，让学生来仿写如对比、想象、夸张、拟人、排比等表现手法。阅读对写作存在着迁移作用，通过对篇章段落的阅读，累积素材，学习文章的立意、构思，再把他们自己的感想与领悟及累积的素材运用到自己的写作中去，这样才能提升学生对语言的感知力及运用语言的能力。这不仅能加强学生构思能力，还能激发学生的写作兴趣。在低年级时通过仿写字词句夯实基础，小学高年级的作文仿写便更应该向篇章段落的方向进行学习，这是一个循序渐进的过程，从字词仿写到句子的仿写，最后再到片段和文章的仿写。所以，仿写段落篇章，是句式仿写的延展，是仿写训练的升华。在仿写教学时，大到可以让学生学习例文的结构思路，谋篇布局，小到让学生仿写文中的细节及表现手法等等。

小学高学段——篇章仿写。新课标对于五、六年级的习作要求是能写出纪实文和想象文，同时，也要求高年级的学生有意识地丰富自己的见闻，养成留心观察周围事物的习惯，明白写作是另一种表达自己的方式。在前两个阶段上，高学段的要求则更高一些，因此，高学段的仿写也需要提升，在低段和中段的仿写学习训练后，学生有了一定遣词造句的基础，此时的重点便可以转换到对篇章的仿写，不仅是形式与内容要与范文相似，还要求加入学生自己的思想，表达真情实感。在仿写句型结构的基础上，还要仿写范文的行文线索、构思立意。这个要求便稍微高一些，需要学生结合脑海中所储备的知识来重新组织语言，在仿写的过程中力求创新。"仿中求创"是仿写训练最理想的境界，不仅是让学生"仿"，同时还要在仿写时求"创"求"新"。从字词句仿写到篇章段落的仿写，在这个过程中不断加深学生脑海中的图式的清晰程度，这样便能为之后的创新写作夯实基础。首先，学生通过仿写来初步掌握写作的知识，为之后的创新性写作奠定基石；再者，通过阅读与累积，学生对不同类型的文章有了大致的了解，同时也有许多素材为写作做准备，这些都为学生的创新思维提供了信息基础。所以，在进行仿写教学时，学生不能呆板仿写，教师不能给予过多的拘束，教师要积极引导小学生，鼓励他们大胆想象和创造，写出自己的领悟来，提升他们的写作能力。

（2）仿写是我国作文教学的精髓

由古至今各名家对仿写的看法。近年来，关于仿写的研究正在逐年增加，这对我们研究仿写来说有着积极的影响。仿写在我国的作文教学中一直有着极其重要的地位，纵观历史，可以用一句"熟读唐诗三百首，不会作诗也会吟"对作文仿写进行了精辟的总结，而很多学者也结合自身的实践经验对仿写进行了归纳阐述，这都表明了仿写自古以来就有着不可轻视的地位。在古代，早在春秋战国时期，孔子便在《论语·述而》中提出了"述而不作"的观点，古人通过"述"来反复理解圣人的意思，"述"其实就是在不断地模仿、不断地学习。孔子的《春秋》，其实就是他依据鲁国史书《鲁春秋》"述"而修订出来的；唐朝时期，刘知几的《史通》中提到"若不仰范前贤，何从贻厥后来"，通过模仿他人的作品，取他人之长来弥补自己的短处，才能有所进益；同样地，唐代的韩愈也指出"师其意，不师其辞"，模仿不能只图形似，而是要模仿行文立意，谋篇布局；"古人作文作诗，多是模仿前人而作之，盖学之既久，自然纯然。"这是宋代儒学家朱熹的观点。有研究者指出，古人很可能是从模仿来认识教育的，原始教育是在模仿中孕育而生的，教育源于模仿。这些古人都认为模仿是教育的必然，所以模仿这一行为有其独特的重要性。

随着历史的发展，仿写的地位与重要性并没有被忽视掉，反而有了更为深刻的认识。"我们不必唱高调轻视模仿，古今大艺术家，据我所知，没有不经过一个模仿的阶段的。第一步模仿可得规模法度，第二步才能集合诸家的长处，加于变化，造成自家所特有的风格。"这是我国著名美学大师、教育家朱光潜的观点，他同样强调仿写的重要性，认为不能轻视仿写的作用，并且强调仿写最理想的状态便是从有意的仿写过渡到无意的仿写，"这一步做到了，再拿这些范文来模仿，模仿可以由有意的渐变为无意的"。他还认为仿写只是一种技巧，最终的目的是力求创新，有自己的风格。在我国现代教育史上有着重要地位的《国文八百课》，其由叶圣陶、夏丏尊合编，每个单元组合起来其实就是仿写的一个完整过程：首先，确立模仿的目标，在编写体例上列"文话"；其次，精选范文，让学生精读范文，学习范文的写作方法；再者，书中列出修辞、文法，对模仿写作进行方法上的指导；最后便是附列习问，让学生把所学知识运用到写作中，进行样例学习。此外，还有许多教育家及学者也都肯定了仿写的价值。钱梦龙便指出："模仿是一种以课文为范本的以读带写的训练。孩子学话，始于模仿学生学习作文，是一种书面形式的学话，起始阶段适当进行模仿也是必要的。"

2. 仿写对于小学生的重要价值

小学是义务教育阶段最基础的学段，一般都是以年龄为6到12岁小学生为主，小学生从一年级入学到六年级，在这个过程中他们的生理和心理都以较快的速度不断发展着。他们的主要特点呈现为心理稳定性较差、心智较不成熟、分辨是非能力较弱等等。但同时，小学生大多都表现出了明显的模仿倾向，他们好奇心强，通过模仿，他们可以更好地认识世界、体验世界，从而提升他们的学习效率。随着年岁的增长，小学生会经历一个从不自觉地模仿到自觉地模仿的过程，对他们喜欢的学科会表示出更浓厚的兴趣，模仿的倾向也更为明显。小学低段学生的认知发展特点主要是以直观思维为主，到了小学中学段便向抽象思维过渡，这个阶段呈现的特点主要是好奇心强、求知欲强。而到了小学高学段，学生已经有了相对于之前的较为成熟的心智。总的来看，小学生在小学整个阶段都显示出有较强好奇心、丰富想象力等特点，他们的模仿欲望特别强烈，身边的优秀榜样都会引起他们学习的欲望。但是他们的心智同时也不甚健全，而通过"模仿"这一行为来作为良好的阶梯，可以有效地弥补他们心理发展的欠缺。

仿写符合小学生的心理发展特点。"在儿童的道德认知和道德行为发展过程中，经常积极地表彰榜样，激发儿童模仿的动机，则有助于儿童正确地行动和积极的模仿"，而仿写其实就是一种模仿行为，教师给予范文，让学生根据要求进行写作，其实就是让学生模仿现成的语言材料，通过阅读范文获得表征，在此基础上进行模仿写作。不管是模仿字词句，还是模仿整篇文章的立意与结构，都能减轻学生学习写作的畏难情绪。通过仿写，为读与写架起桥梁，既满足了学习的需要，也为之后的学习铺下了基石，所以，仿写是小学作文教学中必不可少的一部分。

仿写符合小学生的社会认知发展特征。小学生个体表现出了强烈的社会意识，他们意识到自己的受欢迎程度、被拒绝程度等问题，并能意识到自身所处的社会位置。在小学阶段中，他们的智力发展是非常迅速的，小学生的认知会不断地发展并且进行融合，以便他们能够更好地应对自己的情绪、更好地获取新的技能。总的来说，整个小学阶段学生都体现出了较为浓厚的好奇心及求知欲，但是认知发展的能力还处于上升阶段，需要借助"模仿"这一行为来获取知识与技能，所以，仿写是满足小学生的心理需要的。

仿写是学生创新的必经之路。仿写不能让学生永远停留在模仿这个层面，模仿的最终目的是创新。在模仿的过程中，最初始的阶段便是简单又直接的复制粘贴，而渐渐地便会融入个体的理解，从而实现模仿中的创新。在仿写教学中，创新的实现其实是在不断模仿的过程中积累出来的产物，所以教师要引导学生把模仿的东西转化为自己的东西，这才是最理想的模式。模仿提供给小学生一个方便学习的载体，仿写时教师给出范文，为学生搭起桥梁，帮助小学生减轻写作时的畏难情绪，实现从仿到创。

仿写能使小学生更快地融入学习中。对于小学生群体来说，许多学习活动都是与模仿相关的，例如临摹汉字、作文仿写和榜样学习等等，都是小学生融入学习生活的一种互动方式。小学生在模仿过程中，与榜样范例进行互动，小学生对榜样的学习就是去模仿示范者所展示的成果，并向目标靠拢，同时也加入自己的想法，把外部世界进行内化，在模仿中不断思考，是模仿活动的主要参与者。所以，小学生在仿写时，建立起自我感知和范文之间的联系，与范文实现互动，更好地融入到学习中去。

（二）仿写教学的改进方法

1. 找准仿写教学目标的定位

教师在上仿写课前需要做好确立仿写目标以及筛选好范文的准备，课前的准备与之后的教学环节实施与开展有着密切联系，起着夯实基础的作用，所以教师在制定仿写课的教案时，首先应该确定的是教学目标。仿写课同样也需要制定严格的教学计划，确立一个清晰明确的教学目标，才能达到最后想要的教学效果。

（1）利用简单的思维导图确定仿写目标

对一篇范文的仿写可以从不同的角度切入，一篇范文到底要仿哪个角度、仿哪个点，教师可以用简单的思维导图来确定。

例如，对于《春》的仿写可以从多角度入手，教师可以选取适合学生学情的角度进行教学，针对高年级的学生也可以进行综合性仿写的教学。所以，教师制定目标时，可以简单地绘制一张思维导图，从中抓取必要的点，归纳总结，设定出清晰明了的教学目标。如果教师所制定的教学目标脱离实际，不符合学情，学生所接收到的东西还是不知所以，仿写教学的效果就很难保证。所以，教师应该把仿写作文课的教学目标细化。就如《山中访友》是六年级的课文，目标只定一个对篇章段落的仿写，便不够细化。教师需弄清楚的首要问题是：这堂课到底要仿什么和要让学生得到什么样的训练，在此基础上，从学情出发，制定出合情合理的教学目标，这样才能顺应学生的发展需求，便不会徒增学生的畏难情绪。此外，教师在制定目标之前还应丰富自己的知识储备量与写作素养，这样在授课时才能充分发挥自己的引导作用，用自己丰富的精神世界去感染学生。

（2）仿写教学目标要符合新课标要求

首先，教师应该对新课标中对作文的要求掌握得清清楚楚，制定目标时要贴合新课标的要求。例如新课标对小学 1~2 年级的要求是学习运用逗号、句号、问号这几个标点符号，那教师在仿写时便可选取具有代表性的范文让学生学习这几个标点符号的运用；新课标对 3~4 年级的有一条要求是学会写简短的书信便条，教师便可以把这个作为目标，给出具有代表性的书信范文，让学生进行仿写；对于高年级的有一条要求是学习写作常见应用文，同样地，教师也可以给出应用文范文，让学生仿写，再到自主创作。研究学生的写作困难，确定针对性的教学内容，这是写作课程的基本要义。

写作课程应当基于学情，这是变革写作课程的极为重要的去向。同时，教师制定的目标也要清晰简单，首先弄清楚学生的水平及能力，再根据具体学情来确立仿写的教学目标，教师应注意的是目标的制定应遵循由易到难、循序渐进的原则，从低年级的句段仿写，再到高年级的篇章段落仿写，而具体的作文仿写教学目标则需设定得比较细微，目标可以是关于仿写语言的，关于模仿修辞的，或是模仿范文行文思路等等。此外，教师还应注意的是避免制定空而大的仿写教学目标，要做到准确细化，一步一步累积起来使学生获得技能，这是一个长期的过程，不是一两节课便可以做到的。所以，制定仿写的教学目标，应该突出重点，具体而又清晰。例如《山中访友》的仿写目标，如果是针对句型的仿写，那便把目标定在对句子的分析与模仿上，如果是要模仿修辞方法，就应着重在修辞方法的分析与模仿写作上。

2.拓宽范文的来源及范文的多元运用

（1）拓宽范文的来源

教师在确立好目标以后便要准备好范文，范文的选取并不是简单而又随意的工作，教师要根据教学目标和一定的原则或标准来选择范文，范文的特点要清晰明确，教师的引导也要科学合理。因此，对教师选取与运用范文是有着较高要求的，"虽然说语文课程标准的总目标和阶段目标中并没有亮出'模仿'的要求，各个版本教材中也不再出现以往的'习作例文'；但是，并不能就此否认学习作文需要模仿。如果我们能够为学生提供有梯度的可望可即的阅读材料（"榜样"），通过切中肯綮的提示，让学生明白'写作是极其平常的事，正常人都能学会，当然我也能'，如此，学生的写作能力就能得到明显的提高"。

在选范文时需注意，想要提升学生的学习兴趣、提高仿写作文课的效率，选择的范文就要文质兼美、形式丰富。选取范文时还要避免过于高深、与学生距离太远的文章，平易近人的范文才能与学生原有的知识储备产生共鸣，才有助于激发学生的学习兴趣，充分激发出学生的主动性和积极性。而范文的来源是有许多渠道的，教师可以通过以下几种方法多渠道地、灵活地选取素材，并且按照教学目标科学地筛选范文。

教材里的课文。小学教材里的许多课文都是经过精心选配编排的，里面的文章都是辞藻清丽、雕章琢句的，不同类型的课文在语言表达上都各具特色，所以，课文是小学生学习写作的重要范本，同时也是学生锻炼思维发展、提升语言能力的很好范例。例如人教版语文课本里写景的课文有《美丽的小兴安岭》《黄山奇石》《颐和园》《桂林山水》等等，写物的课文有《赵州桥》《我爱故乡的杨梅》等等，都是优秀而又适合仿写的课文。学生大多都学习过课本里的文章，不论是语法、修辞，还是整篇文章的结构以及作者表达的情感，学生都在老师的指导下细细品味过，以课文作为仿写的范文，学生们更容易产生情感上的共鸣，有利于从感性认识提升到理性认识，并且通过对课文的阅读、分析，能更好地掌握文章的语法、修辞，以便能更自如地运用到仿写中去。在仿写课中，如果选定了某篇课文作为范文，教师就需进行让学生读写双赢的指导，让学生学会阅读，同时也学会写作。教师需注意的是要以课文独特精妙的表达方法作为仿写的要点，同时也要引导学生理解课文的思想内容作为辅佐，让学生在学会仿写的基础上，让学生表达自己的情感。综上所得，一篇优秀的课文便是一个用字造句、构段谋篇的典范，文章里包含了成熟的语法、修辞以及浓厚的情感，通过大量的阅读，以及教师的指点，便能让学生在感受与领悟文章的基础上，合理地进行仿写训练。

"下水文"。"下水文"这个概念很早就被提出来了，叶圣陶在20世纪60年代中期就发表了一篇引起众多语文教育学者关注的文章——《"教师下水"》，要求教师多"下水"，意思就是指老师在给学生布置作文之前，自己要先多写多练，针对给出的题目自己先写出一篇作文，这样才能更好地指导学生写作。教师先写"下水文"，这样能对题目有更好的把握，对整篇作文的谋篇布局、遣词造句更加清楚，在提前构思的前提下再去给学生进行指导，这样的指导是最有益的，能给予学生更大的启发，同时也是经验所得，知其然又知其所以然，最实用的经验也能让学生获益更多。用叶圣陶的话来说，写"下水文"的目的便是"无非希望老师深知作文的甘苦"，要求每个教师先对自己的写作水平有正确的认知，教师要有丰厚的写作经验，才能把写作的技能传达给学生，所以教师要多写多练，提升自己的写作水平，丰富自己的写作经验，才能更好地指导学生。

在仿写教学中，教师写的"下水文"便可以作为很好的范文。首先，教师写的"下水文"，能先预估出学生在仿写时遇到的困难以及需要的时间等问题，这样的"下水文"是符合仿写要求的，是在教师精心设计教学方案的前提下出来的产物，以这样的"下水文"作为范文，教师更能有的放矢地进行仿写教学，找准重点，切中要害，才能提升仿写教学的效率。其次，教师先写"下水文"，通过教师亲自写作的过程，能对学生在写作时会发生的情况、会出现的问题进行把控，这样一来，无论是课堂的讲解，还是对于学生仿写成果的评改都更有把握，才能更好地引导学生、启发学生。再者，教师以"下水文"作为范文，以身示范，以身作则，与学生一同探讨，这样不仅能减轻学生的畏难情绪，让学生知道写作不是难事，也能激发学生的写作兴趣，调动学生仿写作文的积极性。

课外读物。除了教材里的课文，课外的读物也是学生很好的仿写范文。教师可以根据教学方案里制定的教学目标来选取合适、对口的课外范文，同时，也可以选取一些作者本身很独特的，而这些特征是会让学生自主地产生模仿兴趣的文章。教师可以选取一些具有很高知名度的作者，例如在小学生群体中很出名的曹文轩、郑渊洁等，他们的文学作品是深得小学生喜爱的；还可以选取一些小学生心目中的榜样文章，这些榜样可以是和学生们生活经历、性别年龄等有相似地方的，教师运用这些文章，能更好地提升学生向榜样学习的兴趣，激发他们的写作效能。此外，教师还可以根据小学生的能力选取一些名著里的片段作为范文，名著里蕴含了博大精深的历史文化，闪烁着知识的火花，也是教师选取范文的良好参照。总的来说，通过让学生阅读不同种类的文章，例如人物传记、科普读物等等，让学生拓宽他们的阅读面，在激发他们兴趣的基础上能有效提升他们的写作能力。

优秀作文范例。除了上述三种范文的来源，教师还可以选取一些优秀的学生同辈作文来当范文。这些作文可以是优秀小学生作文选集里的，也可以是学校里、班级里经过教师指导的较为优秀的作文。这样的文章更贴近小学生的生活，更能减轻学生与范文之间的距离感，减缓小学生仿写时的畏难情绪。同时，教师可以利用这样的文章让学生在课堂上进行讨论评议，生生互动，相互学习，营造一个轻松愉悦的课堂气氛，在这样的课堂氛围下学生的写作便更有动力了。综上而得，通过对同辈作文的阅读与研究，能拉近小学生与范文的距离，让他们在欣赏范文的同时也能从中汲取成功的经验。

（2）范文的多元运用

在仿学教学中，教师根据不同的仿写目的来灵活地选用范文是十分重要的，同样地，运用多种方法来给学生呈现出范文的不同形态，这对于提升小学生的仿写能力也起着关键作用。同样的范文，学生可以通过教师的引导提取不同的信息，可以是范文的遣词造句，可以是范文的谋篇布局，可以是取材立意等方面，这样一来更容易启发学生的思维，明白举一反三的道理。

找准切入口。一篇范文，教师选取后应自己研读，进行仔细地文本解读，对范文的掌握做到精准精确，这样才能根据不同的教学目标，准确地找出范文不同的切入口。例如人教版四年级语文课本上册的《高大的皂荚树》，这篇课文以季节的变换作为线索，写出了不同季节的皂荚树的形态，如果教师选取这篇课文作为范文，那么切入口就应该找准，模仿的就是作者叙事的顺序，要求学生选择一个景物，写出这个景物在春夏秋冬时的不同形态。如果这次课侧重让学生学习仿写句式，那教师就应着重讲解句式，让学生对要模仿的对象进行一个透彻的分析，让目标更清晰，仿写的效率也就越高。教师在进行字词句的仿写时，对目标句子要从多角度去分析，同时根据所教学生的水平给出相应的指导，例如目标句子的结构怎么样，运用了哪些修辞，教师致力于让学生领会范文中的描叙方法，这样写起来学生便能更有目标，效果也能更好。

其次，教师如要让学生对段落进行仿写，那么侧重点就应该放在对段落的排布分析上，如果是仿范文的第一段，则要强调第一段作为一篇作文的开头应该注意什么，如果是仿最后一段就强调作为结尾应注意什么。这样，在教师的引导下，学生能更明白每一段落在作文中的重要作用，明白总分、分总、总分总等结构布局，仿写时的逻辑能更为清晰，这样能减少学生的畏难情绪，提升效率。又如这次课是要仿范文的立意取材，则需要教师的切入口找准在范文的谋篇布局和立意上，如写景类的范文，教师可以提点范文从哪些角度进行写作的，写人写物的文章是从哪些方面进行写作的，提点学生自己写作时，尽量避免与范文一模一样，根据自己的观察所得与情感体验写出自己的新意来，引导学生仿中求创。

多元运用。同一篇范文可以有不同的运用方法，同一篇范文的仿写可以有不同种类的要求，也可根据特定的仿写目标而选取不同范文中相同的点来进行仿写教学，这就是让教师从单一地运用范文到综合运用范文，实现范文运用上的多元变化。例如人教版小学四年级的课文《桂林山水》，其中"桂林的山真奇啊，一座座拔地而起，各不相连，像老人，像巨象，像骆驼，奇峰罗列，形态万千"一句便可作为例句，着重让学生仿写排比句，进行句型训练；而《桂林山水》又可以放在高年级的仿写教学中，着重仿的是谋篇布局，实现多元运用。

再如，教师在课堂上给出的范文不一定要是一篇完整的范文，教师可以挖取范文的开头，抑或是结尾，也可以是中间部分，在课堂上让学生对缺少部分进行补充，这样一来，学生能对范文进行更好的理解和把握，启发学生的思维。如范文的多种运用方法，具体来说可以是运用几节课的时间对一篇范文的立意、修辞、句式、谋篇布局分别进行分析仿写；也可以是就一个知识点来说，选用几篇范文进行综合对比；还可以是给出制定的题目，在这一题目下，教师选取了不同的范文来分析，这些材料是如何表达同样的主题的。总的来说，仿写素材的综合运用是考验教师的综合素养的，对教师的综合能力也提出了较高要求，教师如果用更宽广、更全面的方法来分析范文、运用范文，这样不仅能加深学生对范文的理解，还能让他们思维得以发散，知识面更为广阔，写起作文来更加得心应手。我国著名特级教师张云鹰就曾提道："学习范式，增长知识；运用范式，学习写作；摆脱范式，累积经验"，其实就是教师需通过多元运用范文来实现写作能力的提升。

3. 指导学生自我修改和教师评改合理化

教师想要掌控学生仿写的学习情况，除了掌握课堂上的学生反馈，还有便是掌握课后的作文作业，这同样是很重要的一个教学环节，教师不可轻易忽视。教师对于仿写作文的评改与点评是对学生学习成果的一种反馈，同时教师能够给予学生有效的反馈，及时纠正学生练习中的错误，并且进行方法指导，也能提升学生的学习效率。教师在评改中，应对每一个学生的作文都保持着耐心，并尊重每一个学生的学习成果。教师一直是传道授业解惑者，扮演着很重要的引导者身份，同时教师也应发挥好自己引导者的作用。

（1）指导学生进行自我修改

督促学生在作文完成后自我修改、自主评价，这也是学生主体地位的体现。作文教学要着重培养学生自改的能力，这也是新课标对于写作的要求之一。

养成学生自我修改的意识。在学生进行自我修改之前，应是培养学生养成自我检查的良好意识。因为学生对自我修改没有正确的认识，大多学生都会觉得自己写出来的文章没有任何问题，教师应该着重矫正学生的这种观念。教师需言传身教，让学生意识到，主动地检查文章、修改文章，是提升自身写作水平的重要辅助，而不是自我否认。只有从否认中看清问题所在，才能吸取经验，为之后的写作夯实基础。在让学生自我检查时，应该注意的是不要求学生能检查得完美无缺面面俱到，更重要的是通过这种方式来培养学生自我检查及修改的意识。

培养学生自我修改的习惯。想要培养学生养成自我检查的习惯，可以是在写作之前，口头或书面给学生提示，让学生在写作时或者是完成后进行自我检查。针对高学段的学生，教师还可以提问，如请同学检查作文是否符合要求、读者是否能读懂你的作文类似的问题。通过这样的方式，学生才能有自我检查的意识，才能够认识到自己作文中出现的问题,进而才能配合教师的要求进行作文的评改。

在培养学生自我修改的意识后，便应该注意培养学生自我修改的习惯。在过程中引导学生自我修改，主要的目的就是培养学生对作文自我检查自我修改的能力。而引导学生自我修改的具体方法也有许多。例如，教师可以将收集上来的作业进行搁置，之后发给学生，让他们进行自我修改，这期间学生有充分的思考时间，再根据教师的引导，对自己的作文产生思考，进而发现问题、修改问题；此外，还可以借学生之间的互相评改作为一种学生自我修改的方式。学生之间交换作文，互相评改，学生的参与感强、自我效能感增强，也能增强他们自我修改作文的积极性。

（2）教师评改合理化

评改应遵循全面性评价的原则。不仅仅是语文学科，所有学科都强调要培养学生知识与能力、过程和方法、情感态度与价值观这三个方面的能力，所以对学生作文的评改也应是与这三方面的能力紧紧相连的，而对于仿写作文的评改，也应如此，在仿写教学中所进行的评价也应考虑到这几个方面。如若教师把对仿写作文的评改简单化，或是在作文评改中，忽略了其中一个方面，便会使得对仿写作文的评改不合理。所以，教师应该考虑三个方面的目标，从而达到最优化的效果。

关注仿写知识与技能的提升。在仿写教学中，教师应对仿写过程中学生掌握技巧的能力进行评价。针对仿写作文中知识与技能的评价可以从几个方面来进行，例如是否紧扣要求、是否运用修辞手法、是否仿到谋篇布局、语言是否流畅、是否有真情实感的表达以及是否具有创新性等方面。总的来说，仿写教学的最终目的都是希望学生通过仿写来掌握写作技巧，从而提升写作水平，所以教师应该在评改中关注到写作技能的问题。

重视仿写教学的过程与方法。重视仿写教学的过程与方法的评价，就要重视在仿写教学的过程中学生的能力以及学生在仿写过程中的一些体验，并且随时关注，及时作出评价。所以，教师对于过程与方法方面的评价，可以从三个方面进行综合考虑，分成仿写前、仿写中、仿写后。而在这三个方面中，教师应该着重考察的是学生的思考能力、判断能力、表现能力。具体的方法可以是在仿写之前，教师布置任务给学生，给出主题后让学生进行素材的收集与累积，从中考察学生的判断能力、思考能力；而在仿写的过程中，应对学生的表达能力和创造能力进行综合考察与评价；而在仿写之后，不仅是对作文的评价，还应包含对学生的修改能力等方面进行综合评价。

注重学生情感态度与价值观的获得。仿写教学的最终目的是提升学生的写作能力，而学生写作能力提升的最终目的是提升学生的语文素养，使学生获得积极的情感态度与价值观。在仿写教学中，教师应关注到的是学生对待仿写的情感态度，正确的予以鼓励，错误的应及时予以纠正。具体地，如学生对待仿写的态度，对范文的价值判断与思考，这对仿写教学的效率有着极大的影响。通过对学生课堂上的表现以及学生作文的关注，教师也应关注到学生的表达，以及在作文中呈现出来的学生的内心世界，这与学生的价值观息息相关，教师应当做好长期的观察与评价准备。

多种评价方式相结合。基于上述提到的仿写作文评改应该遵循全面性评价的原则，所以在仿写作文的评价中也应紧密贴合《义务教育语文课程标准（2011版）》中对于评价的要求，虽然终结性评价和形成性评价在教学中都是非常必要的，但同时也应多关注形成性评价的运用。所以，教师在仿写评价中可以把形成性评价和终结性评价结合起来，实现多种方式相结合的综合性仿写评价体系。首先，教师在学生的仿写教学过程中，关注学生对待仿写的态度，考察学生的写作方法，关注他们的写作能力，综合几方面的情况来观察评价，努力实现形成性评价。教师可以把一个学期的教学分成几个不同的阶段，每一阶段都对学生仿写的情况、态度等进行统计，并给予学生反馈，让学生能精准地掌控自己每一阶段的学习情况，教师也能及时把握学生的学习状态，优秀的地方予以鼓励，错误的地方也及时地予以纠正。同时，教师也应注意终结性评价的运用，在期末时通过写作情况来考察学生通过仿写是否学到了有用的东西。

总的来说，教师在对仿写进行评价时，应该根据学生的情况灵活地采取不同类型的评价方式，在作文评改时，教师应转变自己高高在上的教师形象，尝试以朋友的身份与学生沟通，让学生放下诚惶诚恐的心态，实现平等交流。其次，教师应改变自己随意评改的态度，以鼓励的态度为主，给予小学生更多信心，激发他们的写作兴趣。再者，教师应给予学生及时、准确的反馈，除了作文的评改，课堂上的反馈也至关重要，在仿写教学时，教师应注意的是在课堂点评中将仿写的方法融入其中，在课后，作文的评语也应注重方法的引导，而不是用优良中差这四个字就可以满足的。

4.正确地引导学生

教师教学观念的更新。想要正确地引导学生，教师自身观念就必须先行更新，才能正确地引导学生。在新课标提出的大背景下，语文教育改革的步伐不断迈进，同时对语文教师也提出了许多新要求，为了适应改革形势下教师的角色转变，为了以更高专业素养在教学中实践，教师需在观念上时时保持一个更新的状态。从大的方面来说，教师需要保持一个适应教育改革发展的、与时俱进的价值观。用发展的眼光看问题，教师要摒弃旧观念、接受新观念，实现教师观念的持续更新，实现一个不停否定自我而又超越自我的过程。而观念的更新又要求老师用多元角度来看待问题，以学生为出发点，同时也是落脚点，从学生的实际情况出发，考虑到学生的最近发展区、学生的实际需要、学生的能力与素质，并以此为基础，来反思教师自己的"教"，反思自己的教学方法、教学思想和教学的目的。

总的来说，教师的观念更新需要充分发挥主观能动性来改造主观世界，不断调整及扩充自身知识结构，不断反思自身的教学观念。所以针对仿学教学而言，教师首先应该对仿写的本质及意义等相关概念进行研究，摆正自己的教学态度，教师必须明白，学生要从刚开始的仿写再到自由表达的境界，是需要教师与学生共同协作并且经历一个漫长的过程才能实现的。仿写教学其实并不是单纯地给出范文再让学生仿写就可以完成了的事，仿写教学其实是包含了很多复杂技巧的教学方式。总的来说，教师应该加快教学观念的改进，不断充实自己的教学知识储备、调整自己的知识结构，随时保持着一个与时俱进的心态，以适应新课改的新要求，并对仿写教学的各个细节进行深度地学习与研究，才能使教师对仿写教学问题的认识逐步明晰。

引导学生仿中求创。首先，引导学生正确地看待仿写，是引导学生仿中求创的第一步。在实践中发现学生不能正确看待仿写，也是导致仿写教学效率不高的问题。部分小学生自视过高，认为仿写对他们没什么帮助，殊不知模仿是作文写作的起步阶段，是创新的重要基石。所以在教学中，教师应该多做引导，仿写并不是简单的生搬硬套，更不是抄袭，而是在理解与研究范文的基础上，加入自己的见解，写出丰富多彩的文章来。其次，在仿写教学中，教师可引导学生对范文做出自我解释，在出示范文时让学生多读几遍，并予以问题引导，再留给学生充足的时间思考，通过对范文的朗读，让学生对范文进行自我解释，为学生的后续写作打下基础。如案例分析中，于老师《写"对话"》这一课中，于老师便善于提问，先是提问范文的特点是什么，又提问写作形式上有什么特点，一步步地引导，引导学生思考问题。总的来说，要把发现问题的权利交给学生，而不是教师直接灌输给他们。再者，教师可引导学生进行有质量的素材累积，日常教学中对古诗、名人名言等都会通过背诵的方式进行累积，但真正能运用到文章里的素材则较少，所以教师要培养学生养成累积素材的习惯，可以是素材累积作业的布置，或者是进行语感的培养，阅读便是一个好方法，读写结合一直被语文老师视为写作真谛。多读多写，被视为提高写作能力的不二法门。叶圣陶也曾经指出："写作靠平时的积累，不但著作家、文学家是这样，练习作文的学生也是这样。学生今天作某一篇文，其实就是综合地表现他今天以前的知识、思想、语言等方面的积累。"所以，教师需通过素材累积来提升学生写作能力。此外，教师也要善于引导学生写出自己的真情实感来，纠正学生的不良情绪，让学生通过写作表达出自己的思想，而不是刻板地完成作业。诸如此类的方法有许多，教师需要结合实情进行分析教学。

总的来说，在仿写教学中，除了运用较多的仿写方法如随文仿写，教师还应多多研习，争取运用多种仿写教学方法，根据不同的学生不同的学段选用不同的方法，以求激起学生的仿写兴趣，提升仿写课的效率。并且把仿写、写作的主动权还给学生，仿写的最终目的是要学生摆脱范式，写出自己的东西来，换句话说，学生的"真实"，其实就是创新。

四、小学情境作文教学路径

（一）小学语文情境作文教学的必要性

1. 激发学习兴趣，提高学习效率

对于大部分小学生而言，他们有极强的自我意识，所以很难将注意力放在学习上。但是要想提高学习效果，必须要使学生有浓厚的兴趣，也就是说要适当地引导学生思维，要不断地调动学生的学习积极性。从情境教学的角度来看，在进入课堂之前，教师要选择合适的情境素材，以及与教学内容相符的情境教学模式，从而来培养学生的学习兴趣。赞可夫等研究学者曾经指出，要想教学的作用能够充分发挥，必须要引发学生的精神共鸣，以此也可以有效地提高教学效率。上文已经论述，通过情境教学，使学生可以进入情境中，从中获得情感感知，从而产生学习的欲望，在学生能够集中精力学习的情况下，有利于教师引导学生情感体验，那么学生也可以更充分地理解教学内容，然后完成自我知识构建，从而达到教学目的。传统的教学模式已经无法满足现代化学生的学习需求，更无法使得学生对学习产生兴趣，因为教学模式比较单一、枯燥。所以与传统的教学模式相比，情境教学的趣味性更强，也可以使学生感受到更多的情感。在语文课堂中使用情境教学，可以建立一个轻松活跃的课堂气氛，从而使学生有更强烈的学习欲望。通过调查发展目前大部分教师已经应用了情境教学，大部分学生对情境教学的认

同度较高，由此可见，在语文课堂中应用情境教学具有较强的可行性，也有利于培养学生主动学习的习惯。

2. 能够优化师生关系

在我国新课改全面落实之后，由于情境教学可以提高教学效率，因此被大部分教师运用。大部分小学生还没有较强的表达能力，所以和老师之间有一定的距离。情境教学主要强调的是人本主义理论。所以教师在实施情境教学的过程当中，必须要尊重学生，与学生建立良好的情感关系，要仔细地观察儿童内心的真实想法，从而形成和谐的师生关系。在创设教学情境的过程当中，要投入情感，要使学生能够产生依赖感，使儿童在一个轻松的环境中学习。师生之间要建立平等的关系，相互沟通，相互探讨，发挥协同效应，从而实现学习目标。通过情境教学可以打破传统单一的教学模式，为语文课堂注入新的活力。在课堂中积极地运用情境教学，不仅可以使得教学模式更加丰富，也可以调动学生的学习热情，从而提升情境教学水平。

3. 能够提升学生的语文核心素养

小学语文素养主要由下述几个部分组成：一是思维素养，二是人文素养，三是语言素养，四是审美素养。在情境教学的过程当中，教师创设问题情境，有利于拓展学生思维，开发其脑洞，使他们表述自己的观点，有利于学生语言素养的提升。对于小学生而言，在小学阶段要重点培养其逻辑思维能力、抽象思维能力。所以对于教师而言，必须要创设多元化的教学情境，让学生有更多的感受，使学生在情境学习中自主思考，从而拓展学生的思维。在情境教学的过程当中，可以由师生共同发挥想象力从而创设一个学习情境，通过开发学生的想象力来拓展其思维能力。情境教学的重点在于要引导学生表达，语言和思维之间密不可分，学生在表达自己观点的过程中其实也是语言组织的过程，有利于提升其思维能力。大部分小学生有自己的审美能力，随着学生参与教师的情境教学，其审美能力也会逐渐地提高。所有的课文都具备一定的文化内涵，在语文课堂中引入情境教学可以使学生更全面、深刻地理解文化内涵。

简言之，通过现代化情境教学模式，有利于提升小学生语文核心素养。情境教学具有一定的针对性，同时考虑到了学生的思维特征与认识能力，以"美"为基本导向，以学生活动为基础，从而创设语文教学情境，引入课堂以及生活中的积极教学因素，使课堂内容更加丰富，学生的学习热情更高涨，在这种情况下，学生学习就会更加主动，因此充分体现了以人为本的教学理念，也体现了我国新课改的基本要求。

（二）提高小学情境作文教学有效性的策略

1.多种方法创设丰富情境

通过分析情境作文教学现状得知，大部分教师采用的方式过于单一：在创设一个情境的过程中要么是通过简单的几句话，要么是通过展示几张图片；运用的方法也比较简单，这是情境作文教学效果不佳的主要原因，所以也无法充分地调动学生的学习积极性，使学生没有充分的写作素材。要想这一问题得到解决，必须要通过多元化的形式来创设情境。

（1）实物创设情境

实物创设情境大致有下述两种类型：一是实物观赏情境，二是实物演示情境。基于实物演示情境的角度出发，不仅包含了静态观察，例如，仔细观察鱼缸中的金鱼；也包含了功能演示，例如引导学生观看科技表演；此外也有动态的演示，比如引导学生仔细地观察笼子中的小白鼠。但是通过何种形式来进行创设呢？下面参考《合作》这一案例：在刚开始的时候，教师手中拿着一根筷子，然后提问：谁可以将我手中这根筷子折断呢？大部分学生回答：我可以！教师邀请其中一位学生上台演示，上台的那位同学将筷子折断了。然后教师手中同时拿了十根筷子，然后提问：现在有哪位同学可以将我手中全部的筷子同时折断呢？这个时候同学们都安静了下来，有同学说：老师，这根本就不可能同时折断。在这种情况下，老师就开始引导学生进行思考：同学们想想为什么？当只有一根筷子的时候，很容易就可以折断。但是将十根筷子同时折断，为什么会变得很难呢？以上是典型的实物创设情境。

（2）图画创设情境

图画创设情境是目前最常用的创设情境。因为图画最典型的特征就是生动、直观，对于儿童来说，也是最容易接受的一种方式。并且，在情境创设的过程中也能够通过简易粉笔画来勾勒出某种情境。因为粉笔画是从第一笔开始，然后一笔一画地描绘出一个情境，在画画的过程中教师也会进行相应的讲解，因此对学生的吸引力较强，使学生更深入地进入情境中。黑板与粉笔是所有课堂必备的，因此这种情境创设方式比较常见。但是要想这种方法的优势得以充分发挥，教师必须要有一定的画画基础，要可以快速，生动地勾勒画面。

（3）游戏活动创设情境

大部分儿童都十分喜欢游戏，因为游戏可以带给他们快乐，因此对游戏十分感兴趣。教师在开展情境作文教学的过程中，假设可以创设一个具有趣味性的游戏情境，那么将会激发学生的写作积极性。学生可以更生动地描述游戏情境，也可以更详细地表达出来。此次课堂教师主要采用的是游戏情境创设，所以具有较强的趣味性，有效地调动了学生的写作欲望。然后引导学生进入情境，要求学生仔细观察，一步步地描述，记录，最后可以达到良好的教学效果。

（4）阅读创设情境

"先读后写"就是在写作之前先阅读相关的文章，然后以此为参考来写作。例如童话、传说等，首先引导学生进行阅读，可以使学生发挥想象力，然后对其改编，形成新故事。新编分为以下几种形式：一是扩编，就是以原本的故事内容为基础，发挥自己的想象力拓展内容；二是改编，不局限于原本故事中的人物情节，对故事内容进行重构；三是续编，以原本的故事情节为基础，发挥想象力预测后续可能发生的故事。

2. 加强语言表述指导，让学生学会描述作文情境

通过分析具体的情境作文教学可以发现，目前教师普遍面临的问题是：教师创设了多元化的情境，学生的兴趣较高，但是在学生写作的过程中，仍然不知道从哪里开始下笔，不知道通过怎样的形式记录所看到的情境。想解决这一问题，在情境作文教学过程中，教师要加强语言表述指导。在具体的情境作文教学过程中，假设情境是静态的，那么这种形式的情境有利于学生更直接地观察，因为静态画面的稳定性较强，学生能够直观地看出画面中的色彩。例如草地、溪流等。老师可以适当地提醒同学，要注意画面中物体的颜色、数量、形状等。

3. 加强对学生观察的引导，教会观察方法

作为教师要通过多元化的形式引导学生灵活地描述情境：例如，要求学生仔细地观察，授予其观察方法；也要求学生在观察的过程中进行描述。

（1）引导学生观察，教会观察方法

要想使学生能够更好地融入情境当中，首先要引导学生进行观察。只有通过仔细地观察才可以更深入地进入情境中，才能感受情境、描述情境，从这一角度来看，教师在开展情境教学活动中，要起到引导作用，提高学生的观察能力，教会学生多元化的观察方法：

要引导学生有目的地进行观察。也就是说学生在观察的过程中应该根据作文要求，然后仔细地观察人物、景物、事物等。比如，对于二年级的学生而言，会有相应的看图写话题目，图片下一般会标注提示语言：图画中有哪些人物？他们

在做什么？他们在哪里等。教师应该以上述的问题为切入点，引导学生进行仔细观察。

观察的过程当中要根据相应的顺序。比如可以从上到下进行观察，从远到近进行观察等。

在观察的过程中也要进行相应的对比。以对比的形式来找出共同点与不同点，这样有利于学生掌握事物特征。例如，在观察太阳花的过程当中，要观察花朵的颜色、叶片的形状等，使学生对这些材料的印象更加深刻。

观察不能只停留在表象上，更重要的是细节。也就是说不能只局限于其关键因素，更要仔细地观察其中的细节。比如观察图画，一方面要观察画中的人物形象，另一方面，更要仔细地观察人物情绪。

在具体观察的过程当中要注意动态变化。一般情况下，静态观察比较容易；相对而言，动态观察有一定的难度。在进行作文教学的过程当中，教师要合理地引导学生进行动态观察。比如，水中的鸡蛋从原本静止的状态到漂浮，针对这一现象，第一步引导学生观察鸡蛋静止的状态，然后在水中添加了盐之后，再引导学生进行动态观察。

（2）提问启发，句式引导

老师要结合具体的情景，提出可以引发学生思考的问题，在有必要的情况下进行句式引导，学生有了句式参考可以更形象地描述情境，该方法的可行性较强，有利于拓展学生思维。

4. 在情境观察和描述中总结方法

对于大部分低年级的小学生而言，他们在写作的过程中，不知道从哪里开始下笔，也不知道应该写什么内容。在这种情况下，教师可以通过创设情境，然后借助多种形式。如，首先引导学生进行仔细观察，然后再进行口头描述。学生可以通过口头描述，就能为后面的文字写作奠定基础。但仅仅通过这种形式远远不够，要想学生能够写出内容丰富的作文，不仅要引导学生观察情境，同时也要学生不断地总结写作方法。

5. 优化学生作文的评价

结合"语文课程标准"来看，其中着重强调了评价与修改作文的重要性。教师要检查学生对作文的修改能力、修改方法等，并鼓励学生之间相互修改，吸收别人的优点，改正自己的不足，从而提升写作能力。基于此，教师能够参考下述几种形式：一是学生自评，二是同学互评，三是教师点评。

学生自评。因为情境作文教学课堂时间有限，一般情况下到评价作品的时候离下课就剩下几分钟。通过何种形式来利用好这几分钟，提高学生的修改效率呢？教师通常会要求学生自己先通读全文，纠正错别字，修改语病。这是最基本的要求。结合新课标来看，要结合学生特征与作文内容的差异，实施差异化修改要求：针对没有语病的，能够详细描述出游戏情境的，给予一颗创作星；针对没有语病的，对游戏情境描述不仔细，但是描述比较生动的给予两颗创作星。新课标提出了具体的修改要求，与此同时具备激励效应，可以有效地提高学生修改积极性。有利于培养学生自己检查作文的习惯。

同学互评。鼓励已经完成作文的同学通读全文，先自行纠错，然后由同学之间相互评价。通过同学之间相互评价，可以形成一种合作的学习模式，要想保证相互评价的效果，可以通过小组评价的模式：选取优秀的同学来担任小组组长，并由其进行检查与修改；并且组长也可以和组长相互交换后进行检查。在这一过程中，为了提高同学的积极性，学生就可以给每个小组起名字，然后鼓励各个小组比赛，从而激发学生的学习热情。小组成员之间的写作水平与能力存在差异，同学们相互评价的过程也是相互学习的过程，汲取同学的长处，来补充自己的不足。在相互评价的过程中，具体的要求如下：首先如果发现错别字就用横线画出，如果觉得作文中词语用得好的，那么用波浪线做出标记。其次，梳理语病尝试修改。再次，在作文下面写出自己的好词句，说出自己的看法。最后，在作文题目的右上方打星级。在相互评价的标准明确之后，有利于学生更好地进行修改；因为有星级评价，可以起到激励作用，从而提高学生修改的积极性。

教师点评。在学生自我评价、相互评价之后，由教师再评价。因为学生的水平不足，需要老师进行专业的评价。教师在进行评价的过程中要以肯定学生为主，要指出学生的长处与短板，然后提出修改建议。

课后多元化批改。因材施教具有一定的科学性，在评价作文的过程中也是同样的道理。不同的学生，他们写作水平也存在差异，因此要实施差异化的批改方式。例如，针对写作水平一般的同学，可以实施面批的形式，由教师询问学生说出文中没有理解的地方，尽可能以平和的语气建议学生修改。针对写作水平较强的学生，引导他们相互评价、相互修改。

五、小学作文教学互动式写作清单的应用

（一）互动式写作清单的教学价值

1.互动式写作清单为学生理解写作要求和构思写作内容提供导向作用

写作清单通常在预写作阶段之后下发给学生，教师运用有效的教学策略帮助学生明晰清单的作用和提示，引导学生思考、交流清单上呈现的问题，帮助学生明确写作要求、确定写作内容、理清创作思路，待学生清楚此次写作目的和内容后，再开始着手写作。此时，写作清单扮演"向导"的角色伴随学生写作的全过程，帮助学生梳理行文方向，提示学生下一步写作的思路。在初稿完成后的互评作文阶段，写作清单具体而明晰的条款成为学生互评互改作文的依据和标准。

2.互动式写作清单贯穿于写作全过程，为写作各阶段提供"支架"作用

写作是一个复杂的过程，需要经历由思维到外部语言的转换，是一个多重加工和多重水平的行为，由于小学生的知识和经验有限，缺乏采取适当策略的意识和能力，在实施和控制写作行为方面存在困难。因此当他们进行由内部语言到外部书面语言的转换时，需借助有效的教学支架来完成。简言之，就是教师在学生解决问题的过程中所提供的帮助与指导，旨在帮助学生解决写作学习的内在矛盾，即学生已有经验水平和本次写作所需要的经验水平之间的差距。互动式写作清单作为写作支架贯穿于写作的全过程，为学生提供元认知支持，从而降低学生的加工负担，促进写作任务的完成。在预写作阶段，学生的主要任务是构思写作，即从长时记忆中搜索、提取与本次写作相关的信息，并运用提取的信息来确定写作的框架和结构等。

有研究证明，写作计划与构思占整个写作过程较长的时间，并需要多种知识经验的支持。对于小学生来说，由于认知能力和生活经验水平的限制，往往缺乏相关的知识经验，在预写作阶段不能进行合理、细致的计划与构思，致使写作活动无法顺利展开。互动式写作清单将写作要求以问题的形式列出并呈现给学生，为学生提供显性的思维路径，实现写作思路的具体化和显性化，帮助学生梳理写作思路，为行文创作扫清障碍。建构清晰的写作思路与构架后，学生进入正式写作的阶段。该阶段的主要任务就是将头脑中的想法，通过一定的认知加工和组织，运用有效的写作策略，用准确、流畅的书面语言表达出来。学生经过前期的思考和交流讨论，实现思维的外化和可操作化，促进头脑中的内部语言向书面语言转化，并且对小学生来说，往往缺乏自我监督和自我管理的意识，而清单正是学生

写作过程中潜在的监督者和管理者。学生借助写作清单实行自我监控，及时调整和修改偏离清单要求的语句，培养学生的元认知能力。写作评价是写作者在整理思路和组织内容的同时，借助集体智慧，启发作者积极审视、改正、校对和逐步完善的过程。

及时、有效的写作评价可以帮助学生发现存在的问题与不足，加强学生的读者意识，达成写作为交流服务的目的。在写作评价阶段，写作清单为学生互评互改作文提供载体和依据，推动互动式写作教学深入、有效地展开。学生在互评作文的过程中集思广益、各抒己见，根据自己对清单的理解，对小组内其他同学的作文提出修改建议，每个学生在与小组成员的互动交流中拓展自己的视野，加深对清单所列条款的认识，并进一步修正、改进自己的作文，发挥同伴群体的积极作用，实现教学与评价一体化。

3. 互动式写作清单为学生自评和互评作文提供依据，帮助学生诊断和修改作文

现阶段的小学语文作文教学中，往往由教师承担作文评改的角色，以其权威的地位来评定学生作文的好坏。教师把大量的精力放在作文批改上，而由于学生数量多，教师时间和精力有限，往往不能给予每位学生及时、有效、全面的作文反馈，很多时候教师只能给一个简单的分数或是简洁的评语让学生自主修改作文。如此低效、滞后的作文评价并不能发挥作文评改的积极作用，学生无法从中获得及时具体的反馈信息以助力于下一次的写作。长此以往，不但忽视了学生在写作评价中的主体地位，而且漠视了学生互评互改作文的积极作用，让学生处于被动消极的地位，导致学生对写作产生抵触和厌恶情绪。然而互动式写作清单可以缓解这一弊端。写作清单贯穿于写作的全过程，有利于学生自我监督、自我调控写作过程，及时诊断和反思，避免出现跑题、偏题等情况，实现学生元认知能力的发展。并且清单的具体条款还可以作为学生互相评改作文的标准，发挥相互诊断的功用，使学生获得具体、有针对性的作文反馈，以便进一步修改作文。互评互改作文有利于发挥学生写作主体和评价主体的作用，培养读者意识和主体意识，提升写作质量和写作能力。

（二）互动式写作清单的应用策略

1. 多角度解读教学目标，编制科学有效的清单

写作清单和评价清单是开展互动式写作教学的基础，是保证作文教学效果的重要前提。为达成写作清单辅助学生掌握写作知识、提升写作水平的教学效果，激发学生对写作的兴趣和成就感，教师应设计科学有效的写作清单和评价清单。

在设计与编制写作清单和评价清单时，应严格按照清单设计步骤，统筹语文课程标准、教材和学情等多方面的要求。

首先教师应从宏观角度把握课程标准中对不同学段的要求，课程标准是对学生学习结果的统一要求，规定了作文教学应该"教什么""教到什么程度"。因此教师应改变以往基于教学经验、基于教材的教学方式，开展基于课程标准的教学。教师在设计写作清单时，先要仔细分析课程标准，对其进行重新解构与建构，将课程目标、课程内容转化为教学目标、教学内容。如语文课程标准在第二、三学段中明确提出应重视学生自主修改以及修改过程中的互动交流，这些规定都提醒教师在设计写作清单和评价清单时应加强对学生自主修改的导向和促进作用。

其次，我们不难发现在语文课程标准中无论是总目标还是学段目标，表述都较为概括、笼统，还需进一步细化、具体化。因此要设计出科学、有效的写作清单还需关注教材中的写作练习板块。教师应准确把握写作要求，精准提炼本次练习的教学目标，同时不能忽略该单元阅读选文中蕴含的写作知识和要求。教师尤其要重视该单元的阅读部分，因为从教材的具体编排设计来看，写作要求、内容与本单元的阅读选文及习题设计紧密相关，写作练习与阅读部分的重点内容相互照应，学生在阅读中习得掌握的知识和要领需迁移运用到写作中。因此教师在设计写作清单的条款时，可以用问题表述的方式引导学生回顾之前学过的课文，启发学生思考和交流，从而建立读写联系，促进学生掌握写作策略和提高写作能力。

另外，教师在设计与编排写作清单和评价清单时，还需要考虑不同学段的教学重点。对于初次接触习作的中学段学生而言，应注重调动学生习作积极性，培养良好的习作规范和习惯；而对于有一定经验的高学段学生而言，更为重要的是掌握写作策略和方法，充实、丰富写作内容，进行创造性和个性化表达。因此在清单的设计与运用过程中，应该关注中、高学段的差异。在中学段运用清单进行作文教学时，可引导学生关注习作规范与习惯，较多地设计对学生构思过程的指导和点拨；而在高学段的作文教学中，可发挥写作清单优化写作策略、培养学生元认知策略的作用，发挥评价清单促进学生自评与互评作文的价值。

最后，教师要想保障写作清单的效能，还应该了解学生在写作方面的需求与困惑。仅从宏观层面调查学生的需求与写作状况过于片面，不能准确切合学生实际。由于学生的写作基础和写作水平等存在差距，对新事物的认识和适应能力也不一致，因此即使采用同样的写作清单，也不能保证达成一致的效果。因此，教师还应该定期访谈学生、分析学生的写作文本，了解学生在哪些方面获得了提高，在哪些方面还存在不足与困惑，然后根据调查情况因材施教、对症下药，保障学生应用写作清单的实际效果。

2. 重视前期的指导和训练应用

用写作清单进行作文教学要在前期做好充分准备，解决学生面对写作清单不知从何下手的问题，通过指导和训练，帮助学生了解写作清单的作用以及过程写作教学的基本理念。写作清单作为教学支架应用于作文教学，目的是为学生确立写作内容、构思行文思路提供辅助作用；评价清单则是为学生自评和互评作文提供依据，因此教师在开展作文教学前应向学生说明使用写作清单和评价清单的意图。写作清单作为过程写作教学中不可或缺的教学媒介，在写作全过程中发挥着重要作用。因此教师应向学生介绍过程写作教学的基本理念，引导学生明确写作全过程不仅包括写作前和写作中两个阶段，写作后的交流评改也十分重要；写作不仅是文本产出的过程，更是一个与自我对话、与他人交流的过程。这有利于培养学生的读者意识和过程意识，帮助学生树立正确的写作观念，改变学生以往对写作的片面认识。此外教师可对学生进行专门的指导和训练，教授给学生使用清单的方法和策略，打消学生的疑虑和抵触情绪。在教授清单应用策略时，教师可将清单运用到日常教学中，如设计阅读清单，帮助学生根据阅读清单的问题提示理解课文内容和主题思想，在潜移默化的阅读教学中锻炼和培养学生使用清单的意识和策略。并且还可以邀请学生参与到写作清单和评价清单的设计中，发挥学生学习主人翁意识，使学生在设计清单的过程中建构对清单的理解和策略的应用。

3. 创设交际情境，营造良好氛围

将互动式写作清单应用于作文教学中，核心就是以写作清单为载体和依据开展互动式教学，因此应创设有利于达成互动式教学效果的任务情境。一个好的教师必须提高创设"写作任务情境"的能力。

写作任务情境为学生依据清单提示进行互动创设了良好的氛围，有利于培养学生的读者意识和目的意识，有助于学生理清思路、确定内容。教师应注重贴近学生生活，创设真实或拟真的任务情境，激发学生的写作积极性，强化学生的创作欲望，使学生在一个熟悉、交际的情境中进行互动交流，从而选择写作的话题和角色，明确写作目的和面向的读者。教师可以发挥自身的教育机智，充分利用一切资源，在条件允许的情况下组织学生开展真实的活动，走出课堂、去到真实的自然环境中去，为学生创设真实的写作任务情境，实现在做中学，在做中体会。另外还可以根据写作任务和要求，为学生创设拟真的任务情境。

写作任务不同，任务情境创设的方法也不同。如教材中的应用类作文一般会明确话题和读者，语境氛围较为浓厚，如写信、写征文稿；而纪实类和想象类作文的语境要素并不明显，需要教师优化教学设计，为开展写作任务创设拟真情境。纪实类作文的读者一般面向真实生活中的家人、朋友、同学等学生熟悉的人或事物，因此教师可根据具体的写作要求，开展游戏或与老师、同学分享故事会等活动，为学生创设虚拟的任务情境。小学阶段的学生充满想象力，对童话故事有着较大的兴趣和好奇心，因此想象类作文可采用角色扮演法，引导学生将自己代入故事角色中，体会角色的悲欢离合并想象故事下一步的发展。总之，教师应结合写作任务和学情创设有针对性、交际性的任务情境，营造良好的互动氛围。

4. 关注组内"小透明"，避免"搭便车"现象

学生在以小组为单位进行互动交流时，大多数学生能够分享自己的看法，并且在思维碰撞的过程中，当自己的想法被他人倾听或接受时，无疑是充满自信与满足感的。但是在实际教学中也发现仍有部分学生缺乏合作的参与性。究其原因有：一是因为这些同学本就对写作有着畏惧和抵触的心理，他们在平常的写作训练中没有掌握基础的写作知识和策略，久而久之，产生了害怕写不好、不敢写的心态；二是学生的主动性没有被调动起来，由于缺乏自信，不敢表达自己的想法和观点，也不敢评价其他同学的作文。于是在小组合作学习中，不可避免地产生了一种现象就是有的学生不能充分地参与到小组互动中。

学生小组合作的技能。小组合作学习是小组内成员间相互学习、相互分享的过程，而有的学生渐渐没有了存在感，成了组内的小透明。这导致在小组合作学习中，基础不太好的学生就成为了局外人，低存在感和参与感加重了他们的挫败感和抵触心理，这也违背了开展互动式写作清单教学的初衷。为了避免这一现象的发生，让每位学生都参与到小组互动中来，教师应在合作过程中进行指导。

在小组合作中，教师不能只是把学生安排在一起，告诉他们要合作讨论，而是要加以指导。合作技能不是与生俱来的，而是在后天的练习与实践中，有意识培养和锻炼的。因此在学生开展小组合作前，教师应指导小组成员掌握一定的合作技能。如指导小组成员合理分配任务、辅助其他同学，学会认真倾听同学的发言，学会轮流发言，学会围绕问题展开集体讨论，总结小组成员的发言等。小组成员的分工实行轮流制，每个学生可以尝试小组内的不同分工、不同角色，增强小组成员凝聚力。另外教师还要积极鼓励水平较差的学生，引导学生敢于表达自己的观点和想法，树立自信心，消除对小组合作的恐惧，培养小组合作意识。

5.科学分组，充分考虑组内差异

合作学习小组是学生进行互动交流的基本单位，小组内的互动氛围、成员参与互动合作的积极性都影响着清单的使用效果和达成写作教学目标的效果。所以为取得良好的互动合作效果，充分发挥清单对辅助学生写作、促进学生互动的积极作用，教师应在开展作文教学前进行科学合理的分组。分组应遵循"组间同质，组内异质"的原则，根据学生的学习态度、写作水平、知识基础和接受能力等因素划分成 4 个不同的层次，为使组间同质，每组内每个层次的学生应各有一名，保证组内成员间的差异性和互补性，保证小组间的公平性。

为了调动每位学生参与小组合作的积极性和责任感，保证小组合作的互动效果，教师应合理分配组内成员相应的角色和任务，分别是组长、记录员、发言员和监督员，每一个角色在小组中承担着不同的职责。小组长负责整个互动过程的管理和组织；记录员负责汇总小组成员的讨论结果；发言员负责汇报、展示小组讨论成果；监督员负责引导每位成员积极参与到小组互动中来。小组内成员的角色可定期轮换，保证每个学生都能够担任不同的角色、承担不同的职责，以此来培养学生的合作意识和团队凝聚力。在安排座位时，为了更好地互动交流，可改变长期以身高编排的"秧田式"结构为环形结构。这样的座位安排为生生、师生间提供更多语言交流、眼神交流的机会，有利于师生和生生间的互动。开放式的互动空间，尽可能为学生提供展现自我、互动交流的机会，满足学生个性发展的需求，为写作清单应用于作文教学创设积极的互动氛围。

6.引导学生正视清单，鼓励学生大胆想象

写作清单是学生构思写作思路、确定写作内容及辅助评价作文的教学工具，其本质是一种写作支架，为学生提供引导和辅助作用。将互动式写作清单引入作文教学的初衷是想激发学生的写作兴趣，解决学生不知"写什么"和"怎么写"的困惑，引导学生树立过程写作的理念，注重自主修改和互评互改作文，培养学生的读者意识和交流意识。但是写作清单并不万能，不能够包办学生的作文，使用写作清单进行作文教学的最终目的是帮助学生掌握写作策略，提升写作水平，最终撤去支架。当学生在写作清单的辅助下逐渐养成良好的写作规范，树立正确的写作观念，掌握写作方法和写作策略后，教师应及时撤去支架，最终实现学生在没有清单的引导和辅助下也能够根据写作提示和要求自主联系已有的知识经验，确定写作内容，并根据写作要求修改作文。因此教师应端正写作清单的价值，同时也要引导学生正视写作清单的作用。在应用写作清单进行作文教学时，既要

引导学生依托清单进行思考和互动，也要鼓励学生大胆想象，不要拘泥于清单的内容，勇于跳出清单的提示范围，进行创造性和个性化的表达。

7. 创建高效课堂，保证互动效果

课堂教学效率影响学生依托清单展开思考和互动的效果，影响达成写作教学目标的效果，因此为发挥写作清单的价值，达成预期教学效果，教师应竭力创建高效、有序的课堂教学。首先，教师可适当调整教学课时安排，使当堂习作课与互动评改课形成连贯的教学系统，让学生在持续、高涨的学习氛围中自评、互评作文，尽量缩减教师再次创设活动情境及学生再次熟悉作文的时间。创建高效率的课堂，为学生评改和发表作文提供更多的时间和机会，保证学生交流互动的效果。其次，教师可加强对"小老师"的指导和训练，在合作学习中"小老师"的作用不容忽视。在小组互动交流过程中，每个小组都会遇到解决不了的难题，而教师一人无法顾及所有，此时，"小老师"便可暂时代替老师协调组员共同解决问题。小组合作的效率不仅取决于成员间的配合程度，"小老师"的作用也功不可没。"小老师"组织引导组员根据清单有序发表观点，协调组员解决交流过程中的疑难问题。因此加强对"小老师"的指导和培训，也有利于小组合作高效运转，取得良好的互动效果。但是教师不能将过高的期望寄托于"小老师"身上，毕竟小学生能力有限，所以对"小老师"的培训显得十分必要。培训可围绕以下几个方面展开：明确个人职责，组织协调组员有序发表观点，帮助解答组员的疑惑；明确评价标准，提示组员依据清单评价他人作文；合作讨论时，友好相处，团结组员，形成小组凝聚力；有较强的语言表达和评价分析能力，可为其他组员进行示范和评价。

8. 拓宽发表途径，增强写作自信

发表阶段指的是学生针对反馈意见修改、润色自己的作文，并通过各种方式在全班内进行展示与分享。发表作为写作过程的最后一个阶段，有着不可忽视的重要作用，目的是让每一个学生都有发表自己作品、展示创作成果的权利。马斯洛需要层次理论指出每个人都有被尊重的需要，特别是对于小学生来说，他们更加希望自己的努力得到认可。首先，对于学生自身来说，展示、发表自己的作文有利于树立写作自信，获得成就感，另外对班级内其他同学来说，也可以取长补短、相互借鉴，学会用欣赏的眼光去评价他人的作文。然而在当下的作文教学中，由于时间的限制，学生发表作文的次数有限，且发表的形式多以朗读分享为主，发表形式单一。因此，为改善这一弊端，教师可以借鉴国内外优秀教师的经验，

创设多样的发表形式，拓宽发表途径。

著名教育学家苏霍姆林斯基曾说过，"要使学校的每一面墙壁说话，发挥出积极的教育功能"。因此我们可以借鉴国外班级文化墙的建设，发挥班级文化对学生的潜移默化作用。将教室内的一面墙布置为学生作文展示墙，把每个学生完成的作文粘贴在此墙上，并且教师可将发表与评价相结合，分发给每个学生"大拇指"印章。学生将"大拇指"盖在自己心仪的作文上，代表着认同与欣赏。有效利用班级文化墙，开辟一面供学生发表和展示作文成果的墙壁，可供学生利用课余时间与不同作品对话，彼此间互相学习、借鉴，并且可以摆脱课堂教学时间的限制，给予每个学生充分交流、发表作文的机会。随着现代信息技术的不断发展并渗透到各科教学中，网络平台因其开放、便捷、适用面广等优点备受欢迎，日益成为主要的信息交流工具。将作文发表与网络平台相结合是创新技术发展的需要，是从单向交流转向多元互动的重要途径。因此教师可通过网络平台发表学生作文，如创建班级公众号，定期上传学生完成的作文，供全班学生和家长查阅共享。

另外教师可鼓励学生通过留言板来发表自己的想法和建议，促进学生之间的交流互动，帮助学生积累写作知识，拓宽写作经验。另外还可利用一些学校开发的学习软件，将学习软件中的板块作为记录学生成长的专属领域，每名学生可将自己的作文上传至班级公共领域，供全班学生阅读交流。教师要充分利用网络平台，既培养作者也发展读者，教师要不断传输这种观念：写作的目的是和同学或其他读者进行交流，分享自己的想法和情感，将作文分享到网络上与在课堂上展示有着同等的意义。总之，创设多样的发表形式，用多种渠道组织学生发表阶段的互动，将为作文教学注入强大的动力。

参考文献

[1] 张松霞."双减"背景下构建高效小学语文课堂的路径探析 [J]. 甘肃教育研究,
    2023（05）：68—70.

[2] 刘雯露.浅谈"互助教学"在小学语文高效课堂的教学策略 [J]. 汉字文化,
    2023（10）：127—129.

[3] 朱闯菊.应用多媒体技术营造高效小学语文习作课堂 [J]. 中国新通信,
    2023，25（10）：179—181.

[4] 罗惠兰.信息技术背景下小学语文作文教学的策略 [J]. 亚太教育,2023（10）：
    175—177.

[5] 边晓舰."互联网 +"背景下小学语文高效课堂探究 [J]. 中国新通信,
    2023，25（08）：179—181.

[6] 刘金玉.新课标背景下小学语文作文教学有效策略探究 [J]. 国家通用语言文
    字教学与研究,2023（03）：118—120.

[7] 方泽梅.立足核心素养,打造小学语文高效课堂 [J]. 亚太教育,2023（06）：
    52—54.

[8] 李倩."双减"背景下小学语文高效课堂的构建与思考 [J]. 现代农村科技,
    2023（02）：101—102.

[9] 柳富平.以读促写构建小学语文高效课堂[J]. 国家通用语言文字教学与研究,
    2023（01）：155—157.

[10] 李继红.构建小学语文高效课堂策略探究[J]. 国家通用语言文字教学与研究,
    2023（01）：167—169.

[11] 陈育来.浅议小学语文作文教学方法的创新 [J]. 数据,2023（01）：245—
    246.

[12] 季永强.让作文返璞归真——小学语文课堂如何实现作文教学的生活化 [J].
    甘肃教育研究,2022（12）：84—86.

[13] 范凤娥.小学语文信息技术高效课堂的创设策略分析 [J]. 数据,2022（12）：
    115—117.

[14] 陈山虎.小学语文课堂高效快乐教学方法的探究 [J]. 亚太教育,2022（21）：

112—115.

[15] 付岭芸．课外阅读在小学语文作文教学中的重要性探讨 [J]. 科学咨询（教育科研），2022（09）：230—232.

[16] 李淑云．核心素养下小学语文高效课堂构建策略 [J]. 甘肃教育研究，2022（08）：61—63.

[17] 简秀荣．小学语文高效课堂构建策略探究 [J]. 国家通用语言文字教学与研究，2022（08）：161—163.

[18] 刘惠红．小学语文高年级作文教学的优化途径探究 [J]. 国家通用语言文字教学与研究，2022（08）：173—175.

[19] 林淑女．"让学引思"理念下小学语文高效课堂的构建 [J]. 语文教学通讯·D刊（学术刊），2022（07）：57—59.

[20] 范青青．立足生活 成就高效——小学语文生活化阅读课堂的构建策略研究 [J]. 语文教学通讯·D刊（学术刊），2022（06）：64—66.

[21] 张晓佳．小学语文作文教学的优化策略 [J]. 亚太教育，2022（12）：136—138.

[22] 车永忠．小学语文以读促写作文教学策略 [J]. 科学咨询（科技·管理），2022（05）：262—264.

[23] 王红梅．谈"互联网+"与小学语文高效课堂教学 [J]. 中国新通信，2022，24（09）：170—172.

[24] 刘燕．高效构建小学语文"互联网+"课堂 [J]. 中国新通信，2022，24（09）：176—178.

[25] 王文涛．论课外阅读对小学语文作文教学的重要性 [J]. 科学咨询（教育科研），2022（04）：248—250.

[26] 安源．小学语文作文教学仿写训练研究 [J]. 科学咨询（教育科研），2022（03）：249—251.

[27] 周春华．着眼于"学"，着力于"让"——如何构建小学语文"先学后教"的高效课堂 [J]. 亚太教育，2022（04）：41—43.

[28] 曹珍燕．基于合作学习的小学语文高效课堂的探究 [J]. 亚太教育，2022（04）：107—109.

[29] 王芳．小学语文课堂教学的高效策略 [J]. 开封文化艺术职业学院学报，2022，42（01）：105—107.

[30] 王红娟.小学语文高段作文教学策略 [J].华夏教师，2022（02）：47—48.

[31] 李秀娟.核心素养视角下小学语文作文教学策略探析 [J].亚太教育，2022（01）：73—75.

[32] 孙梦圆.小学语文作文教学中学生想象力培养的问题与策略 [J].汉字文化，2021（18）：112—113.

[33] 倪梦婷.让细节描写在小学语文作文教学中落地生根 [J].科学咨询（教育科研），2021（09）：258—260.

[34] 赵永红.新课改下小学语文作文教学策略 [J].现代农村科技，2021，（06）：97.

[35] 范丽梅.小学语文作文教学读写结合的指导策略 [J].科学咨询（教育科研），2021（06）：254—255.

[36] 刘运隆.浅谈小学语文作文生活化教学 [J].科学咨询（教育科研），2021（06）：256—257.

[37] 余尚涛.小学语文作文教学的变革策略之研究 [J].数据，2021（05）：175—177.

[38] 刘引宾.小学语文作文教学中层递式教学模式的应用 [J].科学咨询（教育科研），2021（05）：269—270.